ALLE MEINE SINNE

Die schönsten Wahrnehmungsspiele für Krippenkinder

Impressum

ISBN: 978-3-96046-087-9

Alle meine Sinne
Die schönsten Wahrnehmungsspiele für Krippenkinder

Klett Kita GmbH
Rotebühlstr. 77
70178 Stuttgart
Internet: www.klett-kita.de

Redaktion: Myriam Bork
Redaktionelle Mitarbeit: Nicole Woratz
Autoren und Fotografen: Britta Bartoldus, Marion Bischoff, Kati Breuer, Melanie Fehring-Schlatt, Monika Klages, Heike König, Katja Krettek-Pingel, Aline Kurt, Michaela Lambrecht, Ute Langhammer, Margot Lindner, Michael Müller, Leah Schäfer, Tina Scherer, Theresa Schuster, Ellen Tsalos-Fürter
Gestaltung und Satz: DOPPELPUNKT, Stuttgart
Druck: Grafik Media Produktionsmanagement, Köln

Kontakt
Telefon: 07 11 / 66 72 58 00
Telefax: 07 11 / 66 72 58 22
kundenservice@klett-kita.de

Gedruckt auf chlorfrei gebleichtem Papier.

Bibliografische Information der Deutschen Nationalbibliothek. Die Deutsche Nationalbibliothek verzeichnet diese Publikation in der Deutschen Nationalbibliografie. Detaillierte bibliografische Daten sind im Internet über http://dnb.d-nb.de abrufbar.

2. Auflage

Bildnachweis:

Freepik.de
S. 78/79: rawpixel

Gettyimages.de
S. 3/8: Sasha Gulish | S. 3/16: Onfokus | S. 3/26: Fatihhoca | S. 4/36:Ihorga | S. 4/46: Alter_photo | S. 4/58: Ljubaphoto | S. 4/68: PeopleImages | S. 6: olesiabilkei, Tutye, nemchinowa | S. 24: South_agency | S. 29: SbytovaMN | S. 32: Kupicoo | S. 40: Brett_Hondow | S. 44: Tassii | S. 45: jarabee123 | S. 49: Gravicapa | S. 50: LPETTET | S. 51: Pidjoe | S. 52: Ninode | S. 53: EdnaM | S. 56: Sally Anscombe | S. 57: MNStudio, Maaram | S. 61: Romona Robbins Photography | S. 62: Nicola Katie | S. 63: Yaoinlove, PeopleImages | S. CreativeNature_nl | S. 72: Amandafoundation.org | S. 73: JohnnyGreig | S. 74: Simarik | S. 79: Pawel.gaul

Bildnachweis Cover: Gettyimages.de/Fotostorm

INHALT

Kapitel 4: Matschen, kleistern, Spuren hinterlassen

Kapitel 5: Mit allen Sinnen nach draußen

Kapitel 6: Ganz schön wackelig

Kapitel 7: Das fühlt sich gut an!

SINNESABENTEUER FÜR KRIPPENKINDER

Entdeckerräume gestalten

Niemand kann wissen, wie *sauer* schmeckt, bevor er nicht in eine Zitrone gebissen hat. Sinneserfahrungen kann uns niemand abnehmen, wir müssen selbst wahrnehmen, wie sich die Rinde eines Baumes anfühlt, wie frisch gemähtes Gras riecht und wie laut es scheppert, wenn man zwei Topfdeckel aneinanderschlägt. Unsere Wahrnehmung macht nie eine Pause. Ununterbrochen verarbeiten wir – überwiegend unbewusst – Reize aus der Umwelt, ordnen sie ein, reagieren darauf. Kinder müssen erst lernen, mit ihren Sinnen umzugehen, und herausfinden, was sich gut anfühlt, was lecker schmeckt und was gut riecht. Über unsere Sinne stehen wir in Kontakt mit der Welt und zu uns selbst. Sind die Sinne gut ausgebildet, können wir gut auf uns und andere achten.
Die Ideen in diesem Buch sind Erfahrungsangebote für Ihre Krippenkinder. Für jeden Sinn gibt es Wahrnehmungsideen, Bewegungsspiele, Kniereiter, Rezepte und Verse für den Einzelkontakt.
Auch Kinder mit Beeinträchtigungen in der Sinneswahrnehmung – sei es von Geburt an oder durch Krankheit – können Sie mit diesen Spielen unterstützen. Alle Kinder profitieren von den Anreizen für die Sinne und die Wahrnehmung.

Die Sinne bei Krippenkindern

Babys kommen mit all ihren Sinnen auf die Welt. Damit sich diese gut entwickeln, brauchen Kinder eine sinnlich-anregungsreiche Umgebung und die liebevolle Zuwendung ihrer Bezugspersonen. Den Kindern abwechslungsreiche Wahrnehmungsangebote zu ermöglichen und die Räume so zu gestalten, dass sie die Sinne anregen, ist eine der wichtigen Aufgaben in der Krippe – muss aber keine Wissenschaft sein. Wahrnehmungsförderung kann ganz problemlos im Alltag passieren. Hier sind einige Ideen für alle Sinne:

Der Gleichgewichts- und Bewegungssinn

Grundlage für jede Wahrnehmungserfahrung ist Bewegung. Über die Bewegung nehmen die Kinder ihre Umwelt auf. Krippenkinder brauchen daher Raum – viel Raum! Sie müssen krabbeln, robben und sich rollen können. Später hüpfen, klettern und rennen sie. Der Gruppenraum sollte daher idealerweise verschiedene Ebenen, Podeste, Rampen, Kisten, Stufen und Hängematten haben. Schaukeln, Wippen und andere wackelige Untergründe stärken die vestibuläre Wahrnehmung, den Gleichgewichtssinn. Die kinästhetische Wahrnehmung verrät uns, wo im Raum wir uns befinden, wie viel Kraft und Spannung wir im Körper brauchen, um bestimmte Bewegungsabläufe zu schaffen: Wie muss ich meinen Fuß aufsetzen, wenn ich eine Treppe hinaufsteige? Und wie muss ich mein Gewicht verlagern? Alles, was Erwachsene ganz automatisch machen, müssen Kinder immer und immer wieder üben. Räume – innen wie außen –, die zum Bewegen einladen, verschiedene Bodenbeschaffenheiten, Klettergelegenheiten und Spielangebote, bei denen Kinder Bewegungsabläufe ausprobieren können, sind ideal dafür.

Die taktile Wahrnehmung

Sand rieselt durch die Finger, Gras unter den Füßen, der Wind im Gesicht – das alles nehmen wir über die Haut war. Die Haut ist unser größtes Organ und wichtigstes Kommunikationssystem. Mit ihr treten wir in Kontakt mit der Umwelt. Für Krippenkinder sind Berührungen überlebenswichtig. Über die Haut spüren sie, wie sie berührt, gestreichelt und gehalten werden. Sie spüren Geborgenheit. Außerdem befühlen und entdecken sie ihren eigenen Körper und Gegenstände um sich herum. Ermöglichen Sie den Kindern vielfältige taktile Erfahrungen, indem Sie ihnen verschiedene Oberflächen zum Betasten zur Verfügung stellen (rau, kratzig, kalt, warm, hart, weich …). Auch Planschen, Matschen, großflächiges Malen mit und auf dem ganzen Körper, Formen und Kneten mit unterschiedlichen (Natur-)Materialien fördern die taktile Wahrnehmung.
Die Wickel- und Pflegesituation ist ein besonderer Moment in der Krippe. Streichelgeschichten, Massagen mit gut duftenden Ölen, Wickelverse und Reime zum Eincremen sind nicht nur perfekt, um die Bindung zwischen Ihnen und dem Kind zu stärken, sondern regen gleichzeitig noch die Sinne an.

Der Geschmackssinn

Vieles, von dem wir denken, es sei Geschmackssache, ist eigentlich eher Gefühlssache. Der Geschmackssinn von Kindern ist stark von Emotionen geprägt. Deswegen ist es so wichtig, mit Kindern ein gemeinsames Ritual zu den Mahlzeiten mit vielen verschiedenen Ausprobiermöglichkeiten zu pflegen, um die gustatorische Wahrnehmung zu fördern. Davon profitieren sie nachhaltig: Die Grundlage für ein gutes, gesundes Essverhalten wird in der Kindheit gelegt. Bieten Sie den Kindern verschiedene Lebensmittel an, testen Sie gemeinsam oder gehen Sie zusammen einkaufen und beobachten Sie, was die Kinder interessiert. Ganz kleine Kinder stecken noch alles in den Mund, um es zu erforschen – und das sollen sie, bei ungefährlichen Gegenständen, auch dürfen!

Der Geruchssinn

Die Nase ist wie ein Fotoalbum: voller Erinnerungen. Wie die Geschmackswahrnehmung ist der olfaktorische Sinn emotional geprägt und hat einen nicht zu vernachlässigenden sozialen Aspekt: Wer sich nicht riechen kann, geht sich meist lieber aus dem Weg. Und wenn es irgendwo nicht gut riecht, fühlen wir uns unwohl. Damit Kinder herausfinden können, was angenehm für sie riecht, sollten sie überall reinschnuppern: Holz, der Kuchen, der gerade aus dem Ofen kommt oder die Kräuter in der Küche, gut duftende Cremes und Massageöle regen die Sinne an. Riechsäckchen können beruhigend wirken. Die Nase isst auch immer mit: Wir riechen das Essen, bevor wir es schmecken.

Die auditive Wahrnehmung

Geräusche umgeben uns ständig – heutzutage meist viel zu viele, laute und unangenehme. Auch in der Kita kann es ganz schön laut werden. Der Alltag klingt immer nach irgendetwas. Und obwohl sich das Gehör schon ganz früh im Mutterleib entwickelt, brauchen Kinder viele verschiedene Geräusche, um ihren auditiven Sinn differenziert auszubilden. Dabei ist es natürlich hilfreich, dass es kleine Kinder lieben, Töne zu erzeugen: egal ob sie mit Töpfen Schlagzeug spielen, singen, klatschen, mit Alltagsgegenständen experimentieren. Mit der Zeit lernen Kinder auch zu erkennen, wo Töne herkommen oder welche Geräusche Gefahr vermitteln. Um gut einordnen zu können, was sie hören, brauchen Kinder viele Geräuscherfahrungen wie Hinhörspiele oder Klanggeschichten. Gleichzeitig unterstützen diese die Sprachentwicklung. Und manchmal kann man auch ganz leise sein und lauschen, ob im Garten ein Vogel zwitschert.

Der Sehsinn

Wir können beobachten, genau hinsehen, den Blick in die Ferne schweifen lassen – den Großteil aller Informationen, die unser Gehirn verarbeitet, nehmen wir über die Augen wahr. Wir orientieren uns im Raum, treten miteinander in (Blick-)Kontakt, entdecken spannende Gegenstände und bewegen uns darauf zu. Durch Materialien in verschiedenen Formen und Farben animieren wir die Kinder, genauer hinzuschauen, Unterschiede und Ähnlichkeiten zu entdecken und Zusammenhänge zu erkennen. Deswegen sortieren und ordnen kleine Kinder so gern. Sie sehen: Das gehört zusammen, da ist ein Muster.
Licht spielt auch eine große Rolle: Kinder experimentieren mit Lichtern und ihrem Schatten und betrachten fasziniert das bunte Licht, das durch farbige Folien an Fensterscheiben fällt. In großen Spiegeln entdecken sich die Kinder selbst. Beim Farben- oder Schaumschmieren, Stempeln und Drucken wird die Auge-Hand-Koordination unterstützt, weil die Kinder gleich die Spuren sehen, die sie hinterlassen.

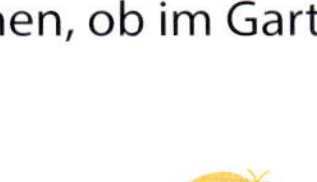

Sinnesüberraschungen im Gruppenraum

Der Gruppenraum kann mit einfachen Mitteln so eingerichtet werden, dass er zum Bewegen, Schauen, Fühlen, Hören und Riechen einlädt. Geschickt in verwinkelten Ecken, in Schränken oder unter Tischen platzierte Alltagsgegenstände laden die Kinder zu kleinen Sinnesabenteuern ein.

ORTE KÖNNEN SEIN: Tischbeine, Unterseiten von Tischen und Stühlen, Ecken von Schränken und Raumteilern, kindergesicherte Schranktüren und Schubladen, Rückwände, Unterseiten von Waschbecken … – Stellen, die man erst auf den zweiten Blick erkennt.

MATERIAL: Rettungsdecke, Alufolie, Spiegelfolie, Spiegelfliesen aus Kunststoff, Zerrspiegelfolie, Stoffe, Gewebestücke, Lederreste, Filzplatten, Teppichreste/-fliesen, Papprohre nach Belieben beklebt mit Wolle, Federn, Sand, feines Schmirgelpapier, Kunstrasen, Korkplatten, Strukturtapete, Stoffsäckchen gefüllt mit Lavendel, natürlichen Duftseifen, Gewürzen oder Rosenblättern, kleine Glöckchen, Klingeln, gut verklebte Flaschen mit Reis, Erbsen, Linsen, Farbfolien für die Fenster

Alles im Blick

WENN DIE GELBEN BLUMEN SPRIESSEN

Alter: ab 1 Jahr
Dauer: mehrere Tage
Gruppe: 6 Kinder

Ein Mini-Projekt mit gelben Blüten

Kaum ist Frühling, da kommen sie aus der Erde: gelb blühende Pflanzen in Hülle und Fülle. Das erleben auch die Kinder in diesem Erfahrungsbericht im Kita-Garten. Aus der Entdeckung der bunten Blüten erwächst ein kleines Blumen-Projekt ganz in Gelb – lassen Sie sich inspirieren!

MATERIAL

- Gelbe Stifte, Malkreiden und Fingerfarben
- Zeichenpapier in DIN A4
- Festes Malpapier in DIN A3
- Gelbe Papierreste
- Klebstoff
- Weißer Fotokarton

Wie das Projekt entstanden ist

„Was ist denn das?" Die Kinder bestaunen eine knallgelbe Löwenzahnblüte. Auch andere kleine Blumen in Gelb fallen den Kindern auf. Sie rupfen die Blüten ab, um sie nah vor ihren Augen zu betrachten. Sie freuen sich über die gelben Farben. Das regt uns an, die Kinder mit unterschiedlichen Malmitteln wie gelben Stiften, gelbem Papier und flüssigen Farben hantieren zu lassen.

Malen mit Gelb

Wir stellen eine Schale mit mehreren gelben Stiften zusammen: dicke und dünne Filzstifte, Buntstifte und Wachsmalkreiden – alles in Gelb. Auf festem Zeichenpapier in DIN A4 probieren die Kinder die Stifte aus. Jeder Stift erfordert eine andere Handhabung: Von den Filzstiften müssen die Kinder zuerst einmal die Kappe entfernen, um malen zu können. Kreiden erfordern mehr Druck als Buntstifte oder Filzstifte und gerade die Buntstifte sind für die Kinder eine Herausforderung. Dadurch, dass alle Stifte die gleiche Farbe haben, sind die Kinder nicht so abgelenkt und können sich hier nur auf die Eigenschaften der verschiedenen Stifte konzentrieren. Wir lassen die Kinder die Stifte selbst aussuchen und ausprobieren, solange sie möchten.

Noch mehr Gelb

Nun stellen wir den Kindern eine Auswahl an gelben Papiersorten in einer Schale zur Verfügung. Das Papier haben sie vorher selbst zerrissen. So liegen nun Schnipsel von Krepp-, Bunt-, Ton-, Blumen-, Geschenk- und Transparentpapier vor ihnen. Auch geriffeltes Papier und anderes gelbes Papier mit besonderer Oberfläche ist dabei. Aus diesem Angebot suchen sich die Kinder Stücke aus und kleben sie auf das Blatt, auf das sie schon mit den gelben Stiften gemalt haben. Ein Bild in Mischtechnik (malen und kleben) entsteht.

Blütendruck

Löwenzahnblüten sehen nicht nur hübsch aus, sondern eignen sich auch als Stempel. Dazu geben wir den Kindern gelbe Fingerfarbe. Sie tunken ihre Blüte in die flüssige Farbe und drucken nun vorsichtig auf weißen Fotokarton. Viele kleine, gelbe Löwenzahnabdrücke entstehen. Bekommen die Blüten auch Blätter und Stängel? Die Kinder sammeln echte Blätter und kleben sie mit auf ihre Bilder. Fertig sind fast echte Löwenzahnbilder.

Gelb, gelb, gelb sind alle meine Blumen – oder rot?

Dieses Mini-Farben-Projekt lässt sich natürlich mit jeder anderen Farbe auch durchführen. Oder Sie widmen immer eine Woche einer Farbe und probieren sich so durch den Regenbogen durch.

Idee: Monika Klages

MEINE FINGER SCHIEBEN

Alter: ab 2 Jahren
Dauer: 30 Minuten
Gruppe: 4 Kinder

Bunte Farbtütenbilder

Für beinahe jede Bewegung unseres Körpers brauchen wir unsere Augen: Sie sagen uns, wo wir uns im Raum befinden, über welche Hindernisse wir steigen und wohin wir greifen müssen. Und gerade Krippenkinder nehmen gern die Dinge selbst in die Hand. Eine gute Auge-Hand-Koordination ist dafür enorm wichtig – bunte Fühltütenbilder sind perfekt dafür: Sie laden zum Fühlen, Schieben und Quetschen ein und verändern sich dabei ständig.

MATERIAL

- Lebensmittelfarbe
- 250 ml Sonnenblumenöl
- 4 l Wasser
- 300 g Sand
- breites, transparentes Paketklebeband
- Werkzeuge zum Mischen und Füllen
- Flache Schalen zum Farbenmischen
- 1 großer und 1 kleiner Frischhaltebeutel mit Zip-Verschluss für jedes Kind

Und so geht's:

Nachdem alle Kinder die Gelegenheit hatten, die Zutaten ausgiebig zu befühlen, zu verteilen, zu schütten und zu verreiben, mischen sie ihre Lieblingsfarben aus Lebensmittelfarbe und Wasser. Mit den gesammelten Lieblingsfarben werden anschließend die Frischhaltebeutel befüllt. Beutel aufhalten oder sie mit einem Löffel befüllen. Zunächst wird der kleine Frischhaltebeutel mit Farbe, etwas Öl und nach Wunsch auch noch Sand gefüllt und verschlossen. Anschließend wird der kleine in den großen Beutel gesteckt. Dieser wird auch mit Farbe, Öl und Sand befüllt und fest verschlossen und verklebt. Legen Sie die fertigen Beutel auf den Tisch und lassen Sie die Kinder mit den Fingern drücken und schieben und die bunten Tüten dadurch verändern.

Die Fühltütenbilder können nun in Kinderhöhe im Gruppenraum oder im Außenbereich aufgehängt werden, sodass sie im Liegen, beim Knien, Stehen oder durch Strecken gut erreichbar sind: an Türen, Wänden, Tischen oder Fenstern – oder auch an überraschenden Stellen wie unter dem Tisch.

Idee: Melanie Fehring-Schlatt

LAUBDETEKTIVE

Ein Schau-genau-Spiel im Wald

Alter: ab 2 Jahren
Dauer: 20 Minuten
Gruppe: alle Kinder

Jedes Blatt hat eine ganz eigene Form: Das Kastanienblatt sieht aus wie eine Hand mit zu vielen Fingern, das Birkenblatt ist eher tropfenförmig mit einem ausgefransten Rand. Bei diesem Spiel nehmen die Kinder Laub ganz genau unter die Lupe!

MATERIAL

- Decke
- Fotos von Laub (Ahorn, Eiche, Buche, Kastanie, Birke, Espe)

Und so geht's:

Für das Laubdetektivespiel benötigen Sie Fotos von Blättern verschiedener Bäume, entweder aus einem Bestimmungsbuch oder dem Internet. Am besten kopieren und laminieren und dann nichts wie ab nach draußen.

Setzen Sie sich im Wald oder auf einer mit Laub bedeckten Wiese mit den Kindern auf die Decke. Breiten Sie die Fotos auf der Decke aus. Kennen die Kinder die Blätter, die hier abgebildet sind? Wählen Sie ein Foto, etwa die Eiche, aus. Können die Kinder nun loslaufen und wie die Detektive ein Blatt suchen, das diesem ähnlich sieht und es mit auf die Decke bringen?

Hierbei geht es natürlich nicht darum, die Blätter perfekt zu erkennen und zu bestimmen. Den Kindern macht es aber Spaß, den Boden nach genau dem einen Blatt abzusuchen. Gemeinsam können dann alle vergleichen, welche Blätter gefunden wurden.

Dieses Spiel lässt sich auch wunderbar mit Baumfrüchten oder Zapfen spielen. Al erdings sollten die Kinder darauf achten, nur auf dem Boden zu suchen und keine Blätter oder Baumfrüchte abzureißen.

Idee: Tina Scherer

ROT ZU ROT UND GRÜN ZU GRÜN

Alter: ab 2 Jahren
Dauer: 5 bis 10 Minuten
Gruppe: maximal 2 Kinder pro Tablett

Farben sortieren mit Lerntabletts

Ob Kastanien, Gummibärchen oder Spielzeugautos – Krippenkinder sortieren gern alle möglichen Dinge nach Form, Farbe und Größe. Dabei zeigen sie oft ein beachtliches Maß an Konzentration. Bei diesen Sortiertablettideen ist genaues Hinschauen gefragt: Die Kinder ordnen verschiedene Materialien nach Farben.

Spielidee 1: Farbkarten mit Wäscheklammern

MATERIAL: Holztablett, 3 Farbkarten, je 3 Wäscheklammern in den passenden Farben, 1 Schälchen

Füllen Sie die Wäscheklammern in das Schälchen. Die Farbkarten und die Schale stellen Sie auf dem Tablett bereit. Die Kinder suchen die farbig passenden Wäscheklammern aus dem Schälchen heraus und heften sie an die Farbkarten.

Spielidee 2: Pompons sortieren

MATERIAL: Holztablett, 1 Schälchen, 3 Holzkästchen, 1 Löffel, je 10 Pompons in Gelb, Rot und Blau

Füllen Sie die Pompons in das Schälchen. Legen Sie jeweils einen Pompon jeder Farbe in ein Holzkästchen. Anschließend stellen Sie das Schälchen und die Holzkästchen mit einem Löffel auf ein Holztablett. Die Kinder sortieren die Pompons mit dem Löffel farbig passend in die Holzkästchen.

Spielidee 3:
Farbige Holzstiele sortieren

MATERIAL: Holztablett, 4 farbige Becher, 1 Körbchen, je 6 Holzstiele in den Farben der Becher

Legen Sie die farbigen Holzstiele in das Körbchen. Stellen Sie die vier farbigen Becher und das Körbchen mit den Holzstielen auf das Holztablett. Die Kinder sortieren die farbigen Holzstiele in die passenden Becher. Wenn Sie die Schwierigkeit noch ein bisschen erhöhen wollen, nehmen Sie noch mehr Becher in verschiedenen Farben dazu.

Spielidee 4:
Holzkugeln zuordnen

MATERIAL: Holztablett, 3 kleine Holzbecher in verschiedenen Farben, 3 farbig passende Holzkugeln, 1 Körbchen

Geben Sie die Holzbecher und die Holzkugeln in das Körbchen. Stellen Sie das Körbchen auf das Holztablett. Die Kinder ordnen den Holzbechern die passenden Holzkugeln zu.
Wenn Sie die Aufgabe schwieriger gestalten möchten, nehmen Sie mehr unterschiedliche Holzbecher und Holzkugeln hinzu.

Spielidee 5: Farbkreis

MATERIAL: Holztablett, 1 Farbkreis aus Filz, jeweils passend 4 bis 5 farbige Verschlusskappen, 1 Körbchen

Legen Sie die farbigen Verschlusskappen in das Körbchen. Stellen Sie das Körbchen und den Farbkreis aus Filz auf das Holztablett. Die Kinder legen die farbigen Verschlusskappen auf den Farbkreis aus Filz.

Idee: Britta Bartoldus

Hör mal!

SENSORIKFLASCHEN

Eins-zwei-drei-Spielmaterial zum Klappern und Lauschen

Alter: ab 6 Monaten
Dauer: 10 Minuten
Gruppe: 5 Kinder

Füllen, zuschrauben, fertig: Tolle Sensorikflaschen zum Rollen, Betrachten, Schütteln und Hinhören stellen Sie mit dieser blitzschnellen Anleitung her. Damit die Flaschen auch schnell zum Einsatz kommen, gibt es noch eine Schüttelklanggeschichte dazu.

MATERIAL

- Kleine, verschließbare Kunststoff-flaschen (z. B. für Flugreisen)
- Füllmaterial (z. B. Erbsen, Mini-Pompons, Knöpfe, Steine, Reis ...)
- Sekundenkleber

Idee: Britta Bartoldus, Tina Scherer

Und so geht's:

Füllen Sie die Materialien in die Kunststoffflaschen. Verkleben Sie diese anschließend, damit die Kinder sie nicht öffnen und sich an Kleinteilen verschlucken können oder diese einatmen. Einmal hergestellt können Sie die Fläschchen viele Jahr lang verwenden.

Die Kinder probieren aus, was sich alles mit den Fläschchen anstellen lässt: schütteln, rollen, anschauen. Sie können beschreiben, was sich da wohl ihrer Meinung nach in den Fläschchen befindet. Ganz junge Kinder haben einfach Spaß am Anfassen, Rollen und Schütteln sowie Geräuschemachen.

Die älteren Krippenkinder ab 2 Jahren können die Fläschchen auch nach Gehör sortieren: Welches ist am lautesten? Welches ganz leise? Welches hört man kaum?

Stellen Sie viele verschiedene Sensorikflaschen für viele Sortier- und Spielanlässe her. Die Kinder können sie auch nach Farben oder Größe des Füllmaterials sortieren. Da fällt den Kindern sicherlich noch einiges ein.

Meine kleine Rasselflasche

Schüttelklanggeschichte

Meine kleine Rasselflasche find ich wunderbar.
Meine kleine Rasselflasche hab ich immer da.

Ich rassle hin und rassle her,
denn rasseln kann ich, ist nicht schwer.

Drum müssen wir sie schütteln, schütteln,
schütteln, schütteln.
Drum müssen wir sie schütteln,
bis wir richtig fröhlich sind.

(Melodie: Hände waschen)

AUF DER BLUMENWIESE

Alter: ab 2,5 Jahren
Dauer: 10 Minuten
Gruppe: 5 Kinder

Klanggeschichte mit Wiesenbewohnern

Heute ist ein wunderschöner Tag. Die Sonne scheint und der Frühling zeigt sich von seiner besten Seite. Eine Gruppe Kinder unternimmt mit ihrer Erzieherin einen Spaziergang auf eine Blumenwiese ganz in der Nähe der Kita.

Auf der Blumenwiese gibt es viel für die Kinder zu sehen. Sie laufen vorsichtig über die Wiese und staunen nicht schlecht:

Zwei wunderschöne **Schmetterlinge** fliegen durch die Luft. Die Schmetterlinge sind gelb und haben rote Punkte auf den Flügeln.
Glöckchen spielen.

Auch die **Bienen** summen fröhlich vor sich hin. Sie sammeln Pollen von den Blumen, um Honig herzustellen.
Rassel spielen.

Auf der Blumenwiese gibt es so viele bunte Blumen zu sehen.
Tulpen zum Beispiel. Die Kinder pflücken voller Freude einen großen Blumenstrauß.
Holzblocktrommel nacheinander schlagen.

Dabei entdecken sie im Gras ganz viele **Ameisen**. Sie laufen hintereinander durch die Wiese und tragen Grashalme zu ihrem Ameisenhügel.
Klangstäbe schnell nacheinander schlagen.

Und die Kinder sehen auch einen **Grashüpfer**! Er hüpft mit großen Sprüngen von Grashalm zu Grashalm.
Tamburin mit Pausen spielen.

Auf einer Blumenwiese gibt es wirklich viel zu entdecken! Zufrieden machen sich die Kinder mit ihrer Erzieherin auf den Weg zurück in die Kita.

MATERIAL

- Orff-Instrumente (Glöckchen, Rassel, Holzblocktrommel, Klangstäbe, Tamburin)

Und so geht's:

Bei dieser Klanggeschichte lernen die Kinder unterschiedliche Orff-Instrumente kennen. Bevor sie loslegen, dürfen alle die Instrumente ausprobieren: Wie klingt es, wenn man die Klangstäbe aufeinanderschlägt? Lesen Sie dann die Geschichte vor. Entweder übernimmt jedes Kind ein Instrument oder Sie spielen die verschiedenen Instrumente.

Idee: Michaela Lambrecht

DIE GRASHÜPFER-HOCHZEIT

Ein Hinhörspiel

Alter: ab 2,5 Jahren
Dauer: 10 Minuten
Gruppe: je 2 Kinder

Grashüpfer Flip kennen die Kinder vielleicht schon aus dem Kinderfernsehen: Die kleinen Springer sind im Frühling und Sommer überall auf der Wiese unterwegs und zirpen was das Zeug hält. Die Männchen versuchen so, ein Weibchen anzulocken. Dazu reiben sie ihre Beinchen an einem Flügel. Genau das machen die Kinder bei diesem Spiel auch!

MATERIAL

- Augenbinden
- Kämme
- Holzstöckchen

Und so geht's:

Für dieses Spiel sollten die Kinder schon sicher laufen können. Und sie sollten sich nach Möglichkeit nicht fürchten, wenn sie die Augen geschlossen halten oder wenn sie eine Augenbinde tragen. Dann können sie als Grashüpfer dem Ruf eines Grashüpferpartners folgen.

Die Kinder finden sich zu Paaren zusammen. Ein Partner ist das Grashüpfermännchen, das laut zirpt, um sein Weibchen anzulocken. Dazu streicht das Kind mit dem Stöckchen über seinen Kamm. Das andere Kind bekommt als Weibchen eine Augenbinde.

Das blinde Kind (Grashüpferweibchen) sucht jetzt seinen Partner, indem es sich über das Gehör orientiert: Wo kommt das Zirpen her? Sobald sich ein Paar gefunden hat, fassen sich die Kinder an den Händen. Nun verstummt der Gesang des Männchens.

Wenn sich alle Grashüpferpaare gefunden haben, können die Kinder in einer neuen Spielrunde die Rollen wechseln oder das nächste Paar ist dran.

Ziel dieses Spiel ist es, mit offenen Ohren durch die Natur zu gehen. Unbewusst trainieren die Kinder bei diesem Spiel nämlich die auditive Wahrnehmung. Konzentriertes und bewusstes Hinhören findet hier auf Kosten der optischen Eindrücke statt, die üblicherweise alle anderen Sinne dominieren. Auf diese Weise können die Kinder bei einem anschließenden Spaziergang die Vielseitigkeit der Geräuschkulisse im Wald oder auf der Wiese erleben.

Idee: Michael Müller

DER KLEINE KLINGELFISCH

Alter: ab 1,5 Jahren
Dauer: 10 Minuten
Gruppe: 6 Kinder

Eine Aufpassgeschichte zum Mitklingeln

Klingelt es? Oder doch nicht? Bei diesem Spiel ist genaues Hinhören angesagt. Aus Pfeifenputzern und kleinen Glöckchen basteln Sie ganz schnell einen kleinen Klingelfisch für ein Hinhörspiel und eine Aufpassgeschichte.

MATERIAL

- Viele bunte Pfeifenputzer
- Schellen oder Glöckchen

So basteln Sie den Klingelfisch

Falten Sie vier lange Pfeifenputzer genau in der Mitte und drehen Sie sie leicht zusammen. Nun spreizen Sie die acht abstehenden Enden als Krakenbeine ab. An jedes Beinende stecken Sie eine Schelle und biegen das Ende so um, dass sich niemand verletzen kann. Nun haben Sie einen Klingelfisch, der an allen Enden klingelt. Zeigen Sie den Kindern den Klingelfisch. Er versteckt sich gern. Dann können ihn die Kinder nur am Geräusch finden. Ob die Mädchen und Jungen das schaffen?

Klingelspiel zum Einstieg

Die Kinder sitzen auf dem Boden. Sie oder eine Kollegin steht mit dem Klingelfisch hinter den Kindern, sodass die Kinder Sie nicht sehen können. Bemerken es die Kinder, wenn Sie mit dem Fisch klingeln? Dann rufen alle: „Klingelfisch!" Können die Kinder die Richtung anzeigen, aus der die Klingelei kommt? Bewegen Sie sich langsam mit dem Klingelfisch durch den Raum und klingeln Sie, sobald Sie fest an einem anderen Platz stehen, erneut. Können die Kinder auch jetzt noch in die richtige Richtung zeigen?

Wer traut sich, sich vom Klingelfisch klingelmassieren zu lassen? Derjenige legt sich auf den Rücken. Der Klingelfisch klingelt und kitzelt einmal mit allen Armen über die Arme und Beine.

Eine Aufpassgeschichte aus dem Meer

In dieser kurzen Geschichte müssen die Kinder genau hinhören: Denn einmal interessiert es sie bestimmt, was aus dem kleinen Klingelfisch wird, der im Meer verloren geht, und zum anderen dürfen sie ihren Klingelfisch-Einsatz nicht verpassen.

Lesen Sie die Geschichte zuerst ohne jede weitere Aktion vor. Verstehen die Kinder, was dem kleinen Klingelfisch hier passiert ist? Ist ihnen das auch schon einmal passiert? Wie fühlt sich der kleine Fisch? Beim zweiten Lesen bekommen die Kinder eine Aufgabe. Immer, wenn im Text „Klingelfisch" vorkommt, müssen sie ganz laut „Klingelfisch!" rufen und mit ihrem Klingelfisch klingeln.

Der Klingelfisch versteckt sich

Mitklingelgeschichte

Eines Tages war der kleine *Klingelfisch* mit seinen Eltern im Meer unterwegs. Aber der *Klingelfisch* wollte gern Verstecken spielen. Er huschte ganz schnell unter einen großen Stein.

„Na, wo ist denn unser *Klingelfischchen*?", fragte Papa Klingelfisch und rasselte und klapperte ratlos. „Ja, wo ist er denn hin?", fragte auch Mama *Klingelfisch* und blickte sich um.

„*Kliiiingelfisch*!", rief Papa *Klingelfisch* durch das Meer.

Sie warteten. Keine Antwort vom *Klingelfisch*.

„Also, wenn er hier nicht ist, ist dann unser *Klingelfischkind* vielleicht schon nach Hause geschwommen?", fragte Mama *Klingelfisch*.

Und so schwammen Mama und Papa *Klingelfisch* davon und der kleine *Klingelfisch* war ganz allein.

Schnell kam der kleine *Klingelfisch* unter seinem Stein hervor. Ängstlich blickte er sich um: Von Mama und Papa war keine Spur mehr. Das Meer war auch irgendwie gar nicht mehr so lustig wie vorher.

„Was mache ich denn jetzt, wenn ein Hai vorbeikommt, der mich verschlingen will?", fragte sich der kleine *Klingelfisch* und bekam schreckliche Angst.

„M-m-m-mama!", rief er.

Keine Antwort von Mama *Klingelfisch*.

„Maaaaaaaama!", schrie der kleine *Klingelfisch* und klingelte dazu ganz laut mit all seinen Beinen. „Paaaaapa!"

Das hörten die beiden *Klingelfischeltern*. Sie kamen ganz schnell zurück und umarmten den kleinen *Klingelfisch* mit allen *Klingelfischarmen*. Da war der kleine *Klingelfisch* ganz schön froh!

Idee: Tina Scherer

DIE STILLE ZEIT

Alter: ab 2 Jahren
Dauer: 5 Minuten
Gruppe: alle Kinder

Eine Minute Erholung für die Ohren

Um richtig hinhören zu können, ist es wichtig, den Ohren auch ab und zu etwas Ruhe zu gönnen. In unserem trubeligen Alltag muss man sich manchmal ganz bewusst Zeit für die Stille nehmen. Wie hört es sich denn an, wenn es ganz leise ist? Kann ich meinen Atem hören? Oder zwitschert irgendwo ein Vögelchen? Mit dieser Übung genießen Sie für einen Moment gemeinsam die Stille.

MATERIAL

* große Uhr mit Sekundenzeiger oder 1 Sanduhr (1 Minute)

Und so geht's

Stellen Sie die große Uhr mit Sekundenzeiger oder die Sanduhr für alle Kinder gut sichtbar hin. Erklären Sie den Kindern, dass sie jetzt einmal ganz still sein sollen. Und zwar genau eine Minute lang. Zeigen Sie den Kindern, wie der Sekundenzeiger einmal um die Uhr wandert oder der Sand rieselt. Sprechen Sie, kurz bevor die Minute startet, den folgenden Vers:

Seid ihr bereit
für eine kleine, stille Zeit?
Dann macht es euch bequem,
kommt zur Ruh,
seht der Uhr eine Minute schweigend zu.

(Verfasser unbekannt, mündlich überliefert)

Idee: Britta Bartoldus

DIE TIERE IM WALD

Eine Mitmachgeschichte mit Schneebesenrassel

Alter: ab 6 Monaten
Dauer: 10 Minuten
Gruppe: 5 Kinder

Ein Schneebesen und ein Tischtennisball: Mehr braucht es nicht für eine neue Rassel, mit der es sich herrlich spielen lässt. Einfach den Tischtennisball zwischen den Stäben des Schneebesens hindurchschieben und im Inneren herumklimpern lassen. Die Kinder dürfen ausgiebig befühlen, experimentieren und rasseln, bevor sie die Klanggeschichte hören.

Im Wald, im Wald freuen sich
die Tiere auf **Weihnachten** bald.
Rasseln.

Eichhörnchen springen auf und ab,
vom Baum herab, vom Baum herab.
Springen und winken.

Im Wald, im Wald ...
Rasseln.

Eulen zwinkern mit Augen so groß,
fliegen gleich los, fliegen gleich los.
Zwinkern und flattern.

Im Wald, im Wald ...

Wildschweine trampeln so laut umher,
freuen sich sehr,
freuen sich sehr.
Trampeln und klatschen.

Im Wald, im Wald ...

Füchse rennen im Wald so schnell,
mit flatterndem Fell,
mit flatterndem Fell.
Auf der Stelle laufen.

Im Wald, im Wald ...

MATERIAL

- Schneebesen
- Tischtennisbälle

Und so geht's

Sprechen Sie das Gedicht vor, die Kinder begleiten den Text mit den passenden Bewegungen.
Im Refrain wird gerasselt. In dem Gedicht freuen sich die Tiere auf Weihnachten – tauschen Sie den Begriff einfach beliebig gegen das Fest aus, auf das sich die Kinder gerade freuen: Ostern, Sommerfest, Nikolaus, Geburtstag …
Die Allerkleinsten können, wenn sie allein sitzen können, einfach im Sitzen mitmachen und rasseln oder die Bewegungen probieren.

Idee: Britta Bartoldus, Tina Scherer

Riechen und schmecken

WIE RIECHT EIGENTLICH ROT?

Duftende Knete einfach selbst gemacht

Alter: ab 2 Jahren
Dauer: 30 Minuten
Gruppe: 4 Kinder

Knete ist bunt, weich und lässt sich wunderbar formen. Gerade die Kleinsten stecken sich gern alles Mögliche in den Mund. Damit das auch mit der Knete kein Problem ist, finden Sie hier ein Rezept, um Knete selbst zu machen.

MATERIAL (für 300 g Knete)

- 50 g Salz
- 125 g Mehl
- 50 ml Wasser
- 1 EL Pflanzenöl (z. B. Sonnenblumenöl)
- 3 TL Pflanzenfarbe (siehe Kasten)

Duftende Farben – so einfach geht's:

GELB: Currypulver in heißem Wasser auflösen (5 TL auf 100 ml)
GRÜN: Petersilie mit Wasser pürieren (1 Bund auf 7 EL)
BRAUN: einen starken Schwarztee kochen
BLAU: Holunderbeeren- oder Blaubeersaft (Beeren mit Wasser aufkochen und pürieren – 200 g auf 50 ml)
LILA: Rote-Bete-Saft (100 ml)

Idee: Aline Kurt

Und so geht's

Jedes Kind bekommt die Zutaten für 300 g Knete – entweder schon abgewogen in kleinen Schüsselchen oder sie wiegen alles gemeinsam ab. Die Pflanzenfarben (s. Kasten) sollten schon am Tag zuvor hergestellt werden, damit sie auskühlen können. Stellen Sie die Farben in Schraubgläsern bereit.
Nachdem alle die Zutaten ausgiebig betrachtet und befühlt haben, stellen die Kinder ihre Knete her: Mehl und Salz werden zunächst vermengt, dann kommt das Wasser dazu und alles wird verrührt. Dann folgen das Öl und die Pflanzenfarbe. Jedes Kind sucht sich seine Lieblingsfarbe aus. Die Kinder können ihren Teig auch teilen und mehrere Farben verwenden. Die Masse wird gut durchgeknetet, bis ein gleichmäßiger Teig entsteht.
Dann kann auch schon losgeknetet werden: Wie fühlt sich die Knete an? Wie riecht sie? Riechen die verschiedenen Farben unterschiedlich?

Tipp

Sollte die Knete zu flüssig werden, muss noch etwas Mehl hinzugefügt werden, ist sie zu fest, kommt Wasser dazu.

DAS GROSSE BLUMEN-SCHNÜFFELN

Riechexperimente mit Blumen

Alter: ab 2 Jahren
Dauer: mehrere Tage
Gruppe: 6 Kinder

Vor allem im Frühling blüht es im Gartenbeet, aber auch Bäume, Sträucher und Wildblumen blühen. Schnüffeln Sie sich doch gemeinsam durch viele interessante Riecherlebnisse vor Ihrer Kita-Tür.

Und so geht's:

Bei einem Markt- oder Supermarktbesuch kaufen Sie stark duftende Kräuter ein, beispielsweise Bärlauch, Waldmeister, Schnittlauch, Petersilie. Dazu können Sie auch noch einige duftende Blumen besorgen, etwa Hyazinthen. Zurück in der Kita legen Sie alles auf Küchenpapier aus. Die Kinder dürfen in Ruhe alles beschnüffeln. Nicht alles, was gut oder interessant riecht, darf man essen. Aber vom Bärlauch oder Schnittlauch dürfen die Kinder ein kleines Stückchen vom Blatt probieren. Hyazinthen sind – wie viele andere Frühblüher – allerdings giftig und dürfen nur beschnuppert werden.
Bei einem Spaziergang halten Sie gemeinsam Augen und Nasen offen. Hier können Sie noch viele weitere duftende Erfahrungen machen: Knoblauchsrauke blüht etwa ab April an fast jedem Waldrand. Sie schmeckt und duftet knoblauchartig und ist essbar. Bärlauchblätter duften ebenfalls nach Knoblauch. Sie sind leicht zu verwechseln mit den sehr giftigen Blättern von Maiglöckchen, die Sie ab April/Mai in schattigen Wäldern finden können. Die Blüten von Maiglöckchen riechen – je nach Pflanze und Standort – sehr intensiv. Außerdem duften Blüten von Kirsche, Pflaume, Apfel und Schwarzdorn, während Weißdorn und Schneeballsträucher eher stinken. Auf Wiesen finden Sie nun auch Gundermann. Hier riechen die Blätter beim Zerreiben zwischen den Fingern frisch-würzig.

MATERIAL

- Hyazinthen oder andere stark duftende Blumen
- Weitere Blumen nach Vorrat, Fundmöglichkeit und Geschmack
- Bärlauchblätter (ersatzweise andere eingekaufte Kräuter)

Idee: Tina Scherer

DIE DUFT-ERINNERUNGEN

Einmachgläser voll mit Gerüchen

Alter: ab 1,5 Jahren
Dauer: 15 Minuten
Gruppe: 4 Kinder

Der Wald, nachdem es geregnet hat. Frisch gemähtes Gras. Warme Erde an einem sonnigen Herbsttag. Die Natur ist voller Gerüche. Viele Erinnerungen hängen an Düften: Das Lieblingsessen, das die Oma immer früher gekocht hat und so ein bisschen nach Zuhause riecht zum Beispiel. Bei dieser Wahrnehmungsidee sammeln die Kinder ihre eigenen Dufterinnerungen.

Und so geht's

Stellen Sie für die Kinder verschiedene Schraubgläser zur Verfügung. Am besten kommen alle auf einen Bollerwagen und zusammen geht es vor die Tür, in den Garten, den Wald oder den Park. Hier gibt es viele verschiedene Düfte: Die Blumen, die Erde … – alles hat seinen spezifischen Geruch. Riechen auch Steine nach etwas? An Lavendel kann man reiben, damit er stärker riecht.

MATERIAL

- Bollerwagen
- Schraubgläser
- Etiketten und Stifte

Was sind die Lieblingsdüfte der Kinder? Welche mögen sie besonders? Davon dürfen sie etwas in die mitgebrachten Gläser packen. Etwas Erde oder ein Blatt, ein Stück Rinde … oder sie versuchen, ein wenig Luft einzufangen!

Auch in der Kita gibt es zahlreiche Lieblingsdüfte: vielleicht Kräuter in der Küche oder die Creme, die so toll nach Himbeere riecht. Auch hier können die Kinder sammeln.

Beschriften Sie die Gläser dann gemeinsam. Die Dufterinnerungen können immer wieder hervorgeholt werden. Wissen die Kinder noch, was im Glas duftet? Mögen sie den Geruch noch? Erinnern sie sich an den Tag, an dem sie die Düfte gesammelt haben? Natürlich können die Dufterinnerungen auch immer wieder erweitert oder ausgetauscht werden – Geschmäcker ändern sich schließlich!

Idee: Melanie Fehring-Schlatt

AUF ZUM WOCHENMARKT

Ein leckeres Mitmachgedicht

Alter: ab 1 Jahr
Dauer: 10 Minuten
Gruppe: 4 Kinder

Ein Wochenmarktbesuch ist ein Fest für die Sinne: Überall duftet es nach Früchten, Brot und Blumen, an den Ständen kann man frisches Obst probieren und viele Leckereien für daheim kaufen.

Heute ist Markt

Heute ist Markt, kommt mit uns mit.
Mit dem Arm zum Mitkommen winken.
Da gibt's viel zu schmecken – das wird der Hit!
Den Bauch reiben, anschließend den Daumen hochhalten.

An diesem Stand liegt ein *süßer* Duft
von leckren *Bananen* in der Luft.
Mit der Nase schnuppern.

Hier gibt's *Zitronen*, könnt ihr sie entdecken?
Sie sind ganz gelb – und *sauer* sie schmecken.
Sich schütteln und dabei das Gesicht verziehen.

Was liegt an diesem Stand, rot, rund und brav?
Das sind *Radieschen* – die schmecken ganz *scharf*.
Die Zunge rausstrecken und so tun, als hätte man etwas Scharfes gegessen.

Und welches Gemüse kratzt etwas im Hals,
es sind kleine *Gurken* – gewürzt mit Salz.
Am Hals kratzen.

Und dieser Stand ist für tapfere Ritter,
die *Pampelmusen*, die schmecken ganz *bitter*.
Das Gesicht verziehen.

MATERIAL

- Bananen, Zitronen, Radieschen, Gurken, Pampelmusen

Und so geht's

Süß, sauer oder bitter – Obst und Gemüse kann ganz unterschiedlich schmecken. Bauen Sie im Gruppenraum einen kleinen Wochenmarkt auf: An jedem Stand gibt es eine andere Frucht aus dem Mitmachgedicht, die die Kinder probieren können. Besuchen Sie auch gemeinsam einen echten Markt: Was gibt es hier zu entdecken?

Idee: Leah Schäfer

GÄNSEBLÜMCHEN-GÖTTERSPEISE

Alter: ab 2 Jahren
Dauer: 20 Minuten
Gruppe: 6 Kinder

Den Frühling schmecken

Sie gehören zum Frühling dazu wie der Osterhase: die Gänseblümchen. Überall blühen die kleinen Blumen und sie sehen nicht nur schön aus, sie sind sogar richtig lecker und gesund. In der Naturheilkunde werden sie als Heilkraut eingesetzt, weil sie viel Vitamin C, Kalium und andere Mineralstoffe enthalten. Dieses Rezept widmet sich dem Gänseblümchen.

ZUTATEN

- 1 bis 2 Packungen grüne Götterspeise zum Anrühren (alternativ im Becher)

Sammeltipps:

Am besten sammelt man Gänseblümchen im eigenen Garten und verarbeitet sie schnell. Gründlich waschen ist Pflicht! An Straßen, gedüngten Äckern oder auf Wiesen, auf denen viele Hunde unterwegs sind, sollte nicht gesammelt werden.

Gänseblümchen-Wiese zum Essen

Im Garten pflücken Sie mit den Kindern mehrere Gänseblümchen. Jedes Kind sollte mindestens drei Gänseblümchenblüten erhalten. Die Gänseblümchen zurück in der Kita verlesen, heiß abwaschen und trocken schütteln.
Die Götterspeise nach Packungsangabe zubereiten und auf mehrere kleine Schälchen in der Anzahl der Kinder verteilen. Im Kühlschrank fest werden lassen.

Jedes Kind darf sich aus der grünen Götterspeise nun seine Wiese gestalten: Die Götterspeise auf einen Teller stürzen. Die Gänseblümchen von den Stielen befreien und die Blüten auf dem Pudding verteilen. Für die Büfett-Variante geben Sie die Götterspeise in eine große Schüssel, verzieren sie mit den Blüten und stellen die fertige „Wiese" so aufs Büfett.

Idee: Margot Lindner

DIE SONNE IM BAUCH

Den Sommer schmecken

Alter: ab 2 Jahren
Dauer: 20 Minuten
Gruppe: 4 Kinder

Groß und gelb hängt sie am Himmel und wärmt uns die Nase. Doch wie schmeckt eigentlich die Sonne? Vielleicht nach Vanillepudding? Zumindest gibt es heute Puddingsonnen mit Orangen.

ZUTATEN

- 1 Päckchen Vanillepudding
- Milch
- Pro Kind: 1 kleine Schüssel und 1 kleiner Löffel
- Erdbeermarmelade
- Orange, geschält und in kleine Stückchen geschnitten

Die Sonne scheint in der Küche

Bereiten Sie zuerst mit zwei Kindern den Vanillepudding nach Packungsanleitung zu. Dann wird der Pudding in kleine Schüsseln gefüllt und kühlt etwas ab. Jedes Kind darf jetzt vor dem Essen mit einem kleinen Löffel ein Gesicht aus Erdbeermarmelade und Orangenstückchen auf dem Pudding gestalten. Alternativ können Sie auch eine andere Marmelade verwenden.

Idee: Michaela Lambrecht

KÜRBISGNOCCHI

Den Herbst schmecken

Alter: ab 1,5 Jahren
Dauer: 30 Minuten
Gruppe: 6 Kinder

Herbst ist Kürbiszeit, ganz klar! Doch immer nur Kürbissuppe wird bald langweilig. Dabei lässt sich aus dem Riesengemüse noch viel mehr machen. Bei diesem Rezept, entdecken die Kinder den Kürbis noch einmal neu: als Gnocchi.

ZUTATEN

- 500 g Kürbisfleisch
- Ungefähr 400 g Kartoffeln
- 230 g Mehl
- 1 Ei
- 1 EL Rapsöl oder weiche Butter
- Salz und Pfeffer

Kleine Kürbis-Kartoffel-Knödel für Herbstgenießer

Das Kürbisfleisch in dicke Streifen schneiden und auf einem Blech im Ofen etwa 30 Minutenweich backen. Die Kartoffeln in der Zwischenzeit weich kochen und schälen.
Kartoffeln und Kürbis abkühlen lassen, dann gemeinsam mit dem Mehl, dem Ei, dem Öl und den Gewürzen in der Küchenmaschine zu einem festen Teig verkneten oder mit dem Kartoffelstampfer zerstampfen und dann mit den Händen weiterkneten.
Kleine, etwa daumengroße Stücke vom Teig abnehmen und zu Kugeln rollen. Hierbei helfen die Kinder bestimmt gern. Die Kugeln, falls sie klebrig sind, mit Mehl bestreuen. Mit einer Gabel ein Gnocchi-Muster eindrücken.
Einen großen Topf mit Wasser zum Kochen bringen, eine Prise Salz zufügen und die Temperatur herabstellen, sodass das Wasser nur noch siedet. Die Gnocchi zugeben und ziehen lassen, bis sie nach oben treiben. Dann abgießen und servieren. Zu den Gnocchi passt eine Tomatensoße oder einfach etwas geschmolzene Butter.

Idee: Tina Scherer

SCHNEEFLOCKEN ZUM AUFESSEN

Den Winter schmecken

Alter: ab 2 Jahren
Dauer: 30 Minuten
Gruppe: 4 Kinder

Schneeflocken mit der Zunge fangen ist mit das Schönste am Winter. Doch was tun, wenn es mal nicht schneit? Kein Problem: Mit diesen essbaren Schneeflocken erleben die Kinder trotzdem, wie der Winter schmeckt.

Schneeflocken zum Knuspern

In einer kleinen Schüssel etwas Puderzucker mit wenig Wasser oder Zitronensaft zu einem Guss anrühren. Die Kinder können den Guss nach Wunsch mit Lebensmittelfarbe hellblau färben. Die Kinder streichen den Guss auf die Oblaten – etwa mit einem Backpinsel. Noch nass die Kokosflocken draufstreuen. Nach Geschmack noch Zuckerdekosternchen dazustreuen – trocknen lassen und genießen!

Idee: Margot Lindner

ZUTATEN

- Runde Oblaten
- Kokosflocken
- Zuckerdekosternchen
- Puderzucker
- Blaue Lebensmittelfarbe
- Nach Wunsch: etwas Zitronensaft

Matschen, kleistern, Spuren hinterlassen

UNSER EIGENER ZAUBERSAND

Alter: ab 1 Jahr
Dauer: 10 Minuten
Gruppe: 6 Kinder

Den Sandkasten mal kurz nach drinnen holen

Weich, wunderbar formbar und fühlt sich ganz zart an – Zaubersand ist ein ganz besonderes sinnliches Vergnügen. Den Sand können Sie im Handel kaufen oder einfach selbst herstellen. Hier finden Sie ein einfaches Rezept und den passenden Zauberspruch, der aus normalem Sand ganz besonderen Zaubersand macht.

MATERIAL

- 4 Gläser feiner Sand
- 2 EL Stärke
- 4 EL Mehl
- 4 EL Sonnenblumenöl
- Ca. 1,5 bis 2 Gläser Wasser
- 1 große Schüssel
- 1 Glas
- 1 Esslöffel
- 1 Rührlöffel
- Ggf. 1 feines Sieb
- 1 Box mit Deckel zum Aufbewahren

Grundrezept

Die Kinder sieben den Sand in eine große Schüssel oder Wanne und schütten Mehl und Stärke dazu. Die Kinder verrühren alles gründlich mit den Händen. Jetzt dürfen sie das Öl und ungefähr die Hälfte des Wassers dazugießen und alles mit den Händen verkneten. Nach und nach fügen die Kinder das restliche Wasser hinzu und kneten weiter, bis die gewünschte Konsistenz erreicht ist. Dazu sprechen Sie natürlich zusammen den Zauberspruch – sonst ist es kein richtiger Zaubersand!

Der Sand sollte nicht mehr klebrig sein, er sollte sich aber noch gut formen lassen. Sollte Ihr Sand zu nass sein, können Sie noch etwas Stärke hinzugeben. In einer verschlossenen, luftdichten Box hält sich der Zaubersand im Kühlschrank etwa ein bis zwei Wochen.

Zauberspruch

Hokuspokus feiner Sand,
rieselt leicht durch meine Hand.
Mit ganz viel Mehl und Stärke
machen wir uns ans Werke.
Rühre, rühre eins, zwei, drei,
Öl und Wasser sind auch dabei.
Wir kneten fest mit unsrer Hand
und fertig ist der Zaubersand!

Duftsand

Ältere Krippenkinder können ihrem Sand ein bis drei Tropfen naturreines ätherisches Öl zugeben und erhalten auf diese Weise einen duftenden Spielsand. Geeignet sind, wenn Sie allergische Reaktionen ausschließen können, Lavendel, Zitrone, Orange und Mandarine.

Sanddetektive

Die Kinder sammeln Gegenstände, die sich gut in den Sand eindrücken lassen, in einem Korb: etwa Schlüssel, Kugeln, Förmchen, Spielzeugmesser, Kämme, Muscheln, Schaufeln. Die Mädchen und Jungen rollen eine kleine Menge Sand zu einer Fläche aus. Alle Kinder drehen sich um und schließen die Augen. Sie oder ein Kind machen einen Abdruck mit einem Gegenstand in den Sand und verstecken ihn dann wieder im Korb. Jetzt dürfen sich die Kinder wieder umdrehen. Wer rät, was hier in den Sand gedrückt wurde? Beginnen Sie mit einfachen und vertrauten Gegenständen und lassen Sie die Kinder eventuell im Korb nachschauen, was denn da den Abdruck verursacht haben könnte.

Spielideen für die Sandecke

Für die jüngeren Kinder steht einfach das Erfahren und Experimentieren mit dem neuen Material im Vordergrund. Die Kinder tasten, kneten und lassen den Sand durch ihre Finger rieseln. Mit dem Reim können Sie das Sandspüren begleiten.

Alle meine Finger

Alle meine Finger
kriechen in den Sand.
Sie krabbeln tief hinein,
wollen wie kleine Mäuschen sein.
Piep, piep, piep,
dann schlüpfen sie wieder raus
und die Geschichte ist aus.

Auch die Füße mögen Zaubersand: mit den Fußsohlen darüberstreichen, die Zehen in den Sand bohren oder den Sand herumschieben. Besonders toll ist es, barfuß über den Sand zu spazieren und Fußabdrücke zu hinterlassen. Machen Sie mit den Kindern ein kleines Versteckspiel. Dazu setzen sich immer ein bis zwei Kinder auf den Boden. Die anderen Mädchen und Jungen graben die Füße der sitzenden Kinder in den Sand ein oder bedecken sie damit. Sprechen Sie dazu den Reim.

Füßchen-verschwinde-Zauber

Ene, mene meck,
meine Füße sind jetzt weg.
Rüttel, schüttel, ei der Daus,
da schauen sie wieder raus.

Idee: Theresa Schuster

MIT BUNTEN EIS-WÜRFELN MALEN

Alter: ab 1,5 Jahren
Dauer: 10 Minuten
Gruppe: 5 Kinder

Eine kreative Idee für draußen

Immer nur Stifte benutzen ist doch langweilig. Heute malen wir mit Eiswürfeln. Gerade an einem heißen Sommertag ist das eine willkommene Abwechslung und eine spannende Erfahrung für die Finger.

MATERIAL

- 1 Eiswürfelformer
- Wasser
- Holzstiele
- Lebensmittelfarbe
- Papier

Und so geht's

Füllen Sie Wasser in den Eiswürfelformer. Geben Sie je nach Farbwunsch 3 bis 4 Tropfen flüssige Lebensmittelfarbe hinzu. Legen Sie jeweils einen Holzstiel in jedes Fach des Eiswürfelformers. Stellen Sie den Eiswürfelformer mindestens 3 Stunden ins Gefrierfach.

Platzieren Sie den Eiswürfelformer mit den gefrorenen Eiswürfeln für alle gut erreichbar. Jedes Kind bekommt ein Blatt Papier und kann dieses nach eigenem Wunsch mit den unterschiedlichen Eiswürfeln bemalen. Für die Kinder ist das in doppelter Hinsicht eine interessante Erfahrung: Das Eis fühlt sich ganz kalt an den Fingern an und hinterlässt bunte Spuren auf dem Papier. Anschließend lassen Sie das Papier gut trocknen.

Idee: Britta Bartoldus

RUTSCHBILD MIT FINGERFARBEN

Ein glitschig-taktiler Spaß für die Finger

Alter: ab 1 Jahr
Dauer: 15 Minuten
Gruppe: 8 Kinder

Auf einer Glasfläche zu malen, ist eine ganz besondere Fühlerfahrung, denn die Finger rutschen und glitschen dabei über die glatte Fläche. Dass solche Glitschkunstwerke auch noch schön aussehen können, beweist diese kleine Idee.

Und so geht's

Befestigen Sie mit Klebeband für jedes Kind einen kleinen Rahmen mit Glasinnenteil auf dem Tisch, damit nichts verrutschen oder hinfallen kann. Die Kinder dürfen mit den Fingern über das Glas fahren. Können sie schon beschreiben, wie sich das anfühlt? Kalt, rutschig, glatt?

Stellen Sie den Kindern Fingerfarben in Schälchen zur Verfügung. Die Kinder tippen mit den Fingerspitzen in die Farbe und drücken die Farbe dann mit der Fingerkuppe auf die Glasfläche. Auch der Rahmen darf mitverziert werden. Auch Schmierkunst und viele Farblagen übereinander sind erlaubt und vermitteln später den besonderen 3D-Eindruck. Lassen Sie alles gut trocknen. Ältere Kinder können den Rahmen ihrer Bilder zusätzlich mit Glitzerpulver oder Glitzermotiven bekleben.

MATERIAL

- Ausrangierte Bilderrahmen mit Glasinnenteil
- Fingerfarben
- Nach Wunsch: Glitzerpulver oder Glitzersterne
- Klebeband

Idee: Margot Lindner

SPUREN IM SCHAUM

Alter: ab 6 Monaten
Dauer: 30 Minuten
Gruppe: 4 Kinder

Experimente mit buntem Badeschaum

Unsere Hände sind richtige Alleskönner – nicht nur, weil sie uns kratzen, wenn die Nase juckt. Über sie können wir ganz genau verschiedene Oberflächen erspüren. Sie zeigen uns, wie warm oder kalt etwas ist … kurz: wir empfangen ganz viele Reize über unsere Hände. Mit dieser schaumigen Idee fördern Sie die taktile Wahrnehmung Ihrer Kinder auf eine ganz besondere Art und Weise.

MATERIAL

- Bunter Rasier- oder Badeschaum (siehe Anleitung)
- Lebensmittel- oder Fingerfarben
- Mehrere Spiegelflächen
- Lappen, Schwämme, Tücher
- Strohhalme
- Malpapier
- Wasserfeste Unterlagen und Handtücher

Und so geht's:

Zum Einstieg erkunden die Kinder die Spiegelflächen, Lappen, Schwämme, Tücher, Strohhalme und den bunten Schaum. Lassen Sie den Kindern Zeit, sich die Materialien anzuschauen, sie anzufassen und daran zu riechen. Wissen die Kinder, was das für ein Schaum ist? Und warum er bunt sein könnte?

Mit dem Schaum können die Kinder nun auf den Spiegeln malen und ihre Spuren hinterlassen – mit den Schwämmen, Tüchern und Lappen oder einfach mit ihren Händen. Mit einem Strohhalm kann der Schaum über den Spiegel gepustet werden. Vielleicht mögen die Kinder auch verschiedene Farben mischen.

Bleiben Sie mit den Kindern im Gespräch: Wie fühlt sich der bunte Schaum an? Wer entdeckt sich unter dem Schaum im Spiegel?

Bunter Schaum selbst gemacht

FÜR ETWA 750 ML BADESCHAUM PRO KIND

- 1/2 Tasse Babyseife oder Blockseife
- 3/4 Tasse Wasser
- Einige Tropfen Lebensmittelfarbe

ZUSÄTZLICH BENÖTIGEN SIE

- 1 Schüssel (mindestens 25 cm Durchmesser)
- 1 elektrischen Handmixer
- 1 Schälmesser oder 1 Handreibe

Und so geht's:

Raspeln Sie die Seife klein. Geben Sie dann die Seife und das Wasser in die Schüssel. Vermischen Sie die Bestandteile mit einem elektrischen Handmixer und fügen Sie einige Tropfen Lebensmittelfarbe dazu. Fertig ist der bunte Badeschaum!

Alternative: Bunter Rasierschaum

Für länger bestehende Schaumkunstwerke nutzen Sie bunten Rasierschaum anstelle von Badeschaum. Einfach den Rasierschaum mit Lebensmittel- oder Fingerfarbe mischen und schon kann es losgehen: Die Kinder können nach Belieben mit dem Schaum herummatschen. Auf großem Malpapier kann mit dem Schaum gemalt werden. Gut getrocknet bleibt die Malerei erhalten. Begleiten Sie die Kinder bei ihrem Schaumabenteuer mit einem Reim.

Meine Hände können patschen

Mit den Händen kann man patschen
Mit den Händen auf den Tisch patschen.

und auch ganz laut damit klatschen.
Mit den Händen kräftig klatschen.

Du kannst deine Fäuste ballen
Die Hände zu Fäusten ballen.

und sie auf dem Tisch fest knallen.
Mit den Händen auf den Tisch knallen.

Hände können behutsam sein
und dich umarmen ganz allein.
Die Hände streicheln sich gegenseitig.

Idee: Katja Krettek-Pingel, Britta Bartoldus

DIE FENSTERWIESE

Alter: ab 1 Jahr
Dauer: 15 Minuten
Gruppe: 4 Kinder

Eine Blumenwiese im Gruppenraum

Mit Fingerfarben am Fenster zu malen, ist für Krippenkinder eine besondere Erfahrung: Das Glas fühlt sich anders an als Papier und auch die Perspektive ist eine andere. Fensterbilder laden auch später noch zu verschiedenen Sinneserlebnissen ein: Man kann zum Beispiel hindurchschauen und sieht plötzlich alles in ganz bunten Farben. Probieren Sie es aus!

MATERIAL

- Fingerfarben (Gelb, Rot, Orange, Grün)
- Bilder von Frühlingsblumen und Wiesen

Und so geht's:

Betrachten Sie gemeinsam mit dem Kind die Wiesen- und Blumenbilder. Was ist das Besondere an so einer Wiese? Wie sehen die Blumen aus? Dann geht es ans Malen: Erst mit dem Finger einen gelben Punkt als Mitte malen. Die Kinder suchen sich ihre Wunschfarben für ihre Blume aus und tupfen damit die Blätter rund um den gelben Punkt. Eine wunderschöne Blume ist entstanden. Wenn alle Kinder ihre Blumen getupft haben, dürfen die Mädchen und Jungen unter die Blumen noch eine grüne Wiese mit den Fingern malen.

Idee: Michaela Lambrecht

KLEISTERN MIT DEN KLEINSTEN

Alter: ab 1 Jahr
Dauer: 15 Minuten
Gruppe: 4 Kinder

Ein einfaches Rezept für Kleisterfarbe

Beim Kleistern und Kleckern machen Kinder aufregende neue Erfahrungen: das klebt, schmiert, tropft, lässt Materialien aneinanderhaften ... und irgendwann trocknet es. Den Kleister selbst anzurühren und mit dem Schneebesen zu hantieren, macht den Kindern bestimmt Riesenspaß. Hier finden Sie ein Rezept für Kleister und wie Sie daraus auch noch Farbe machen können.

Und so geht's:

Fast wie ein Kuchenteig, allerdings ohne Backen, funktioniert das Herstellen der Mehlfarbe: Schütten Sie das Mehl ins siedende Wasser und lassen Sie das Ganze unter ständigem Rühren aufkochen. Nach dem Abkühlen kann es losgehen.
Jedes Kind bekommt ein wenig Kleister in einem alten Becher und kann ihn mit seiner Lieblingsfarbe und – wer mag – mit Glitzerpulver mischen.

Wie fühlt sich der Kleister an? Die Kleisterfarbe ist zäher als normale Fingerfarbe. Das macht das Malen mit der Farbe zu einem besonderen Erlebnis. Die Kinder können nach Herzenslust auf einem Papier herumschmieren und kleben.

Idee: Ute Langhammer

MATERIAL

* 1 Kochtopf und 1 Schneebesen
* 150 g Mehl
* 0,5 bis 0,75 l Wasser
* Alte Becher
* Lebensmittel- oder Fingerfarben
* Glitzerpulver
* Papier

Mit allen
Sinnen nach
draußen

MEINE FINGER IM SAND

Alter: ab 1 Jahr
Dauer: je 10 Minuten
Gruppe: 4 Kinder

Sinnesspiele für den Sandkasten

Sand kann sich warm oder kühl anfühlen, er rieselt durch die Finger. Aus Sand kann man Burgen bauen. Sand knirscht zwischen den Zähnen, brennt und reibt im Auge, wenn der Wind ihn dort hinträgt. Und wie schmeckt eigentlich so ein Sandkuchen? Das Spielen im Sand hält vielfältige Sinneserfahrungen für die Kinder bereit. Die folgenden kleinen Ideen begleiten die Kinder bei ihrem Sandkastenabenteuer.

Spuren im Sand

MATERIAL: Spiegel

Ein großer Spiegel und Sand – fertig ist das Künstleratelier. Die Kinder streuen Sand auf die Spiegelfläche am Boden und hinterlassen Spuren mit ihren Händen: Sie ziehen Linien, schieben kleine Häufchen zusammen, wischen alles wieder weg. Durch die Lücken, die entstehen, können sie sich selbst sehen.

Matsch ist im Eimer

MATERIAL: Eimer, Wasser, ggf. Tapetenkleister

Sie brauchen drei Eimer mit Sand. Mischen Sie unter den Sand in einem Eimer so viel Wasser, dass er richtig matschig wird, den zweiten Sandeimer feuchten Sie nur an und im dritten lassen Sie den Sand trocken stehen.

Die Kinder greifen in den Eimer mit dem trockenen Sand. Sie spüren, wie die Sandkörner durch ihre Finger rieseln. Im zweiten Eimer, in dem sich der feuchte Sand befindet, können die Kinder Handabdrücke hinterlassen, während sich der Sand im Matscheimer praktisch nicht mehr formen lässt. Der Matsch fließt den Kindern über die Hände. Spannend ist es, wenn Sie jeweils zwei Eimer mit trockenem, feuchtem, matschigem Sand füllen und diese jeweils einmal in die Sonne und einmal in den Schatten stellen. Sprechen Sie mit den Kindern darüber, wie es sich anfühlt. Toll ist es, wenn die Kinder ihre matschigen Handabdrücke auf Karton hinterlassen können. So behalten sie den bleibenden Eindruck ihrer Hand in Sand. Mit Tapetenkleister vermischt, bleibt das Sandkunstwerk sogar erhalten.

Das Sandspinnchen

Sandfingerspiel

Ein Spinnchen mit acht zarten Beinen
krabbelt auf Sand, krabbelt auf Steinen.
Mit einer Hand als Spinne durch den Sand krabbeln.

Willst du es streicheln, schwups, ist es weg,
gräbt sich im Sand ein kleines Versteck.
Die Hand ganz schnell im Sand verstecken/vergraben.

Doch schaust du nicht hin, dann kitzelt es dich,
killekille, das kitzelt ja fürchterlich!
Ganz zart mit der Hand über die des Kindes streicheln.

Idee: Monika Klages, Tina Scherer, Marion Bischoff

Das Sandkörnchenlied

Was rasselt denn da in der Dose so sehr?
Risch, rasch!
Das sind kleine Körnchen, die kullern umher.
Risch, rasch!
Sie kullern und klappern und rasseln herum,
wir singen dazu widibim, widibum,
risch, rasch, risch, rasch, risch rasch!

Eine Sandkörnchenrassel ist ganz leicht hergestellt. Einfach Sand in eine Dose mit Deckel geben und schon kann losgerasselt werden.

PLITSCH UND PLATSCH!

Fühl- und Mitmachideen mit Wasser

Alter: ab 1 Jahr
Dauer: 20 Minuten
Gruppe: 4 Kinder

Wasser ist eines der liebsten Elemente von Kindern. Es macht Freude, darin zu planschen, zu spritzen, es in Bewegung zu setzen. Kinder lieben es, zu schütten und zu gießen. Bei dieser kleinen Wasseridee und einer Mitmachgeschichte lernen die Kinder das Element ganz bewusst kennen.

MATERIAL

- Schüsseln und Eimer mit Wasser
- Strohhalme
- Verschiedene kleine Gegenstände (Steine, Holzstückchen, Grashalme ...)

Wir entdecken Wasser

Jedes Kind bekommt eine Schüssel mit Wasser und darf experimentieren: Ins Wasser kann man seine Hände tauchen, man kann planschen, sanfte Wellen erzeugen …
Mit dem Strohhalm pusten die Kinder ins Wasser. Wie verändert sich die Wasseroberfläche? Was passiert mit der Luft, die sie hineinpusten? Aufsteigende Luftblasen sind für Kinder immer eine Freude. Was passiert, wenn man Holzstücken oder Steine oder einen Grashalm in das Wasser legt? Was geht unter und was schwimmt?

Für die Mitmachgeschichte auf der nächsten Seite benötigt jedes Kind eine Schüssel oder einen Eimer mit Wasser, dessen Durchmesser so groß ist, dass die flache Hand der Kinder in die Öffnung passt, ohne am Rand anzustoßen. In der Geschichte sind ihre Hände Wasserschildkröten. Stellen Sie den Kindern die Wasserschildkröte vor. Wasserschildkröten sind wie ihre Verwandten an Land geduldige Tierchen. Stellen Sie den Kindern die Wasserschildkröte aus der Geschichte vor. Möchten die Kinder der Schildkröte einen Namen geben?

Idee: Marion Bischoff, Tina Scherer

Planschen mit der Wasserschildkröte

Eine Mitmachgeschichte mit Wasser

Meine Schildkröte taucht ins Wasser, weil sie sich abkühlen möchte.
Hand als Schildkröte zur Faust ballen und eintauchen bis zum Boden des Eimers.

Sie bewegt sich hin und her und paddelt mit ihren Flossen.
Finger spreizen und den Arm im Wasser bewegen.

Manchmal spielt die Schildkröte den Leuten am Strand einen Streich. Dann springt sie heraus und spritzt alle nass.
Die Hand ruckartig aus dem Wasser ziehen und ausschütteln, sodass die kleinen Wassertropfen auch die Kinder treffen.

Wenn meine Schildkröte müde ist, legt sie sich auf ihr Wasserbett.
Die flache Hand ganz ruhig auf die Wasseroberfläche legen.

Manchmal macht sie sogar Wassermusik.
Mit den Fingern auf die Wasseroberfläche „trommeln".

Kommt ihre Freundin zu Besuch, dann schwimmen sie gemeinsam.
Beide Hände ins Wasser legen.

Am lustigsten wird es, wenn sie so richtig wild im Wasser spielen.
Mit beiden Händen abwechselnd auf die Wasseroberfläche schlagen, sodass das Wasser herausspritzt.

Abends sind die Schildkröten dann müde. Die Freundin schwimmt nach Hause. Dort schüttelt sie sich trocken.
Eine Hand aus dem Wasser ziehen und schütteln.

Und die Wasserschildkröte geht auch zur Ruhe. Sie schüttelt sich trocken.
Die andere Hand herausziehen und etwas ausschütteln.

Und jetzt ruht sie sich ein bisschen aus.
Gemeinsam ein bisschen ausruhen.

RAU UND RISSIG, GLATT UND HART

Alter: ab 2 Jahren
Dauer: 30 Minuten
Gruppe: alle Kinder

Ein Rinden-fühl-Spaziergang zu den Bäumen

Bäume sind toll, aber meistens nehmen wir nur ihre mächtigen Kronen und Stämme wahr oder wir sammeln ihre Früchte im Herbst. Aber auch die Rinde von Bäumen ist interessant. Jede Baumart hat eine eigene unverwechselbare Rinde, anhand der man den Baum auch im Winter, wenn er keine Blätter trägt, gut bestimmen kann. Unternehmen Sie doch einmal einen Rinden-fühl-Spaziergang mit den Kindern!

MATERIAL

- Bestimmungsbücher
- Wachsmalkreide und Papier
- Augenbinden

Und so geht's:

Baumrinden sind sehr verschieden, denn Baum ist eben nicht gleich Baum. Schon die Kleinsten können das begreifen, wenn sie Rinden ertasten. Die Kinder schließen die Augen und streicheln den Baum. Wie fühlt er sich an? Wie beschreiben die Kinder die jeweilige Rinde? Besonders deutlich werden die Unterschiede, wenn ein Nadelbaum neben einer Birke steht. Die Birkenrinde ist fast glatt. Kiefern, Tannen ... sind rissig, uneben und rau. Wenn die Kinder einverstanden sind, verbinden Sie ihnen die Augen. So wird der taktile Eindruck noch deutlicher.

Noch mehr Baumideen

Finden Sie Rinden auf dem Waldboden? Nehmen Sie sie mit und gestalten Sie mit den Kindern damit ein Rindenfühler-Memory für Regentage.

Mit einem Bestimmungsbuch unserer wichtigsten Wald- und Parkbäume ausgestattet, können Sie ganz schnell im Wald Bäume bestimmen. Sie können die Bilder aber auch auslegen und die älteren Krippenkinder versuchen, ihre gefundenen Rindenschätze den richtigen Bildern zuzuordnen.

Wenn die Kinder ein Stück Papier auf eine Rinde legen und mit Kreiden darüber schraffieren, erhalten sie einen tollen Rindenabdruck zum Mit-in-die-Kita-Nehmen.

Idee: Marion Bischoff

EISBLUMEN SPRITZEN

Ein eiskalter Spaß für Groß und Klein

Alter: ab 1 Jahr
Dauer: 10 Minuten
Gruppe: 4 Kinder

Wenn es im Winter so richtig eiskalt ist und die Minusgrade das Wasser am Fenster gefrieren lassen, ist die beste Zeit zum Eisblumenspritzen. Warm einpacken und ab nach draußen: Benötigt werden nur einige eiskalte Fensterscheiben.

MATERIAL

- Einwegspritzen ohne Nadeln
- Eimer mit Wasser
- Ggf. Glasscheiben

Und so geht's:

Suchen Sie sich ein Fenster (oder mehrere Fenster) aus, das zu einem Raum gehört, der nicht oder nicht sehr häufig beheizt wird: vielleicht ein Keller- oder Gartenhausfenster oder das Fenster von einem Turnraum. Das Fenster sollte aber so niedrig sein, dass die Kinder es gut erreichen können. Die Kinder dürfen die Spritzen mit Wasser im Eimer aufziehen. Mit den Spritzen können sie nun die eiskalten Fensterscheiben von außen bespritzen, sodass das Wasser gefriert und herrliche Eisblumen am Fenster entstehen.

Gibt es keine Fenster zu unbeheizten Räumen, funktioniert es auch mit normalen Glasscheiben oder Spiegeln. Die Scheiben sollten dann aber schon eine Weile im Freien stehen.

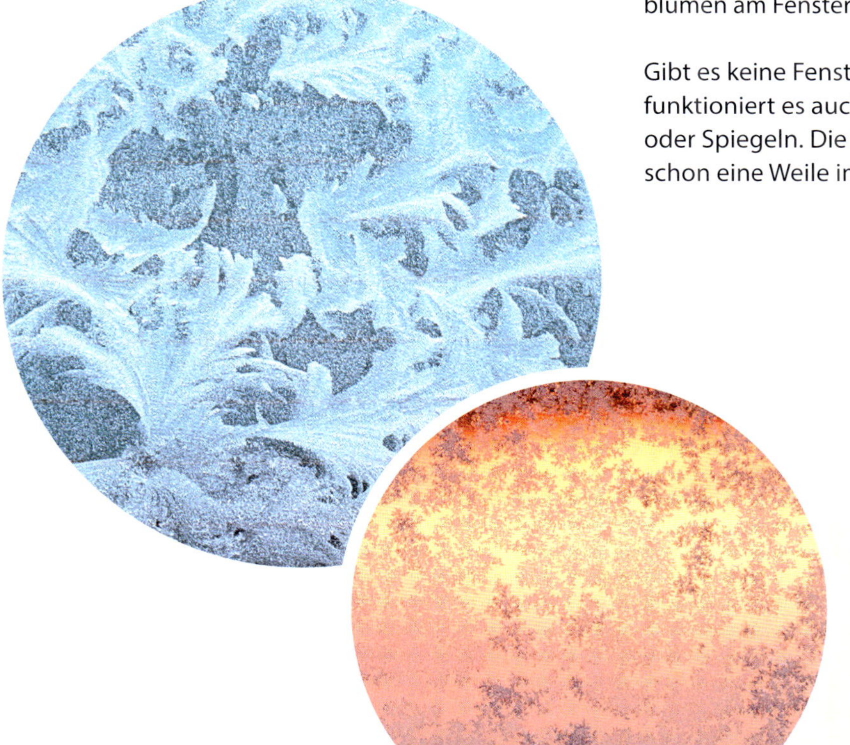

Idee: Heike König

IM NATURFARBEN-ATELIER

Alter: ab 1 Jahr
Dauer: 45 Minuten
Gruppe: 6 Kinder

Schmieren und klecksen mit selbst gemachten Erdfarben

Malen wie die Steinzeitmenschen und dabei die ersten Malerfahrungen – ganz ursprünglich in der Natur – mit selbst gemachten Erdfarben sammeln. Hier erfahren Sie, wie das geht und welche Erden sich gut zur Farbherstellung eignen.

Farbensuche in der Natur

Farbe	Woraus?	Wo?
Schwarz, Dunkelbraun	Humusreiche schwarze Erde, Holzkohle	Wiesen, Äcker, Blumenerde, Holzofen oder Lagerfeuer
Grau	Asche	Holzofen
Braun	Lehm	Waldböden
Rot	Spezielle Sandsteine, roter Ton/Ziegelmehl	Schwer zu finden, Sie können aber alte Ziegelsteine oder Dachplatten zermahlen oder das Mehl im Baumarkt besorgen
Beige	Heller Sand	Wald- und Wiesenböden, Sandkasten
Ocker	Mineralgemisch aus Tonerde und Eisenverbindungen	Oft in gelb gefärbten Böden in unbewachsenen Waldböschungen

Ausgestattet mit Eimern und Schaufeln machen Sie mit den Kindern einen Ausflug in die Natur, um nach verschiedenen farbigen Erden zu suchen. Beim genauen Betrachten der Böden werden Sie und die Kinder Ausgangsstoffe in den verschiedensten Farben entdecken, die sich für die Herstellung von Erdfarben eignen. Entscheidend für die Farbigkeit ist der Mineraliengehalt.

Die Kinder sammeln die Erden in ihren Eimern und sortieren dabei am besten gleich größere Steine und Blätter aus. Sand und Erde sollten möglichst trocken sein, dann lassen sie sich später leichter sieben. Im Wald sammeln Sie auch gleich Stöcke, die als Werkzeuge zum Anrühren der Farben benutzt werden.

MATERIAL

- Eimer und Schaufeln für die Kinder
- Große, verschließbare Glasgefäße, zum Beispiel Einmachgläser
- Verschiedene Siebe von grob bis fein (Sandkastensiebe, Küchensiebe, Siebe für Aussaaterde)
- Wasser in einer Gießkanne
- Angerührter Tapetenkleister im Glas
- Große Pinsel
- Hammer oder große Steine
- Bei Bedarf: Sperrholzplatten oder abgeschliffene Holzbretter
- Verschiedene farbige Erden und Sand für die Farben
- Lange, gerade Stöcke
- Größere Rindenstücke, Holzstücke oder Baumscheiben

In der Farbenwerkstatt

Gemeinsam mit den Jungen und Mädchen betrachten und untersuchen Sie die gesammelten Rohstoffe und bestimmen die Farben. Anschließend beginnt der Farbherstellungsprozess.

Gesammelte Steine und Erdklumpen sowie Kohle werden mithilfe eines Hammers oder eines großen Steines auf dem Boden zerkleinert. Anschließend werden Sand und Erde in mehreren Schritten gesiebt – erst grob, dann feiner. Sand und Erde verwandelt sich allmählich in feines Farbpulver, das sich ganz weich und samtig anfühlt. Füllen Sie die Farbstoffe in die Gläser.

Als Nächstes wird vorsichtig mit der Gießkanne Wasser dazugeschüttet und das Ganze mithilfe eines Stockes zu einem Brei verrührt. Er sollte eine zähe Konsistenz haben, denn im letzten Schritt wird noch flüssiger Kleister als Bindemittel dazugemischt. Das Mischungsverhältnis hängt von dem jeweiligen Ausgangsstoff (Erde, Sand, Asche …) ab. Als grober Anhaltspunkt gilt: ein Teil Kleister auf sechs Teile Farbbrei! Die fertigen Farben sind im verschlossenen Glas und kühl aufbewahrt mehrere Monate haltbar.

Die Natur als Leinwand

Im Wald sammeln Sie gemeinsam große Rindenstücke, Hölzer und Baumscheiben. Auch große flache Steine können als Malgrund verwendet werden. Für die dicken Erdfarben eignen sich besonders gut zurechtgeschnittene und abgeschliffene Holzbretter und Spanplatten. Diese können Sie bei Bedarf noch mit weißer Farbe grundieren.

Schmieren und klecksen im Naturfarbenatelier

Die Kinder suchen sich einen Malgrund und Farben aus und dann geht es auch schon los. Die Erdfarben lassen sich ganz einfach mit den Händen und mithilfe großer Pinsel verstreichen, verschmieren und klecksen. Vielleicht möchten die Füße mithelfen? An größeren Brettern und Leinwänden können auch mehrere Kinder gemeinsam malen.

Idee: Theresa Schuster

DIE SINNESDUSCHE IM WALD

Alter: ab 2 Jahren
Dauer: 10 Minuten
Gruppe: 6 Kinder

Ideen für einen Wahrnehmungsspaziergang

Hinschauen

Der Wald hat hunderte Grüntöne – mindestens! Suchen Sie gemeinsam einen ruhigen Ort, an dem Sie eine kurze Zeit verweilen können. Die Kinder schauen sich um: Was können sie entdecken? Je länger man irgendwo steht oder sitzt, desto mehr Kleinigkeiten fallen einem auf. Mit älteren Kindern können Sie auch eine Runde *Ich sehe was, was du nicht siehst* spielen.

Beschnuppern

Zu riechen gibt es im Wald beispielsweise Holz (vor allem, wenn gerade Holz gefällt wurde), terpentinartigen Duft bei Nadelbäumen (Harz), Erde, Laub, Blüten von Wildkräutern, Gerüche von Pilzen, Duft von Walderdbeeren, Brombeeren oder anderen Beeren. Probiert werden darf natürlich nichts davon!

Zuhören

Besprechen Sie mit den Kindern, für einen Augenblick ganz, ganz leise zu sein und die Ohren zu spitzen: Was hören sie? Im Wald oder auf der Wiese können das Stimmen von Singvögeln sein, das Rauschen des Windes (vor allem in Nadelbäumen hörbar), Zweigeknacken, Rascheln von kleinen Tieren auf dem Boden, Zirpen von Grillen, Grashüpfern und Zikaden, Summgeräusche von Fluginsekten. Zählen Sie gemeinsam alle Geräusche auf. Wer mag, kann die Augen schließen.

Fühlen

Moos ist ganz weich, Rinde dagegen eher rau und rissig. Im Wald gibt es viel zu ertasten, das die Kinder im Alltag nicht spüren können. Was sich besonders gut anfühlt können die Kinder sammeln, mit in die Kita nehmen und immer wieder nachspüren!

Idee: Michaela Lambrecht, Tina Scherer

KASTANIENFÜHLER

Handbäder mit Naturmaterialien

Alter: ab 1 Jahr
Dauer: 10 Minuten
Gruppe: 2 Kinder

Ach, ist das schön: Die Hand in einen Behälter voller kühler, glatter Kastanien stecken! Noch mehr Spaß macht es, wenn die Kinder zusätzlich eine kleine Schatzsuche-Aufgabe bekommen.

MATERIAL

- Korb oder Eimer
- Kastanien, Nüsse, Eicheln und andere Herbstfrüchte
- Muggelsteine

Idee: Heike König

Und so geht's:

Die Kastanien in einen großen Korb geben. Den Muggelstein oder einen anderen Schatz darin verstecken. Los geht's mit den Händen durch das Kastanienbad. Wo ist nur der kleine Schatz geblieben?

Und auch ohne Schatzsuche macht das Tasten und Spüren Spaß. Stellen Sie doch Fühleimer bereit: Kleine Sandkasteneimer füllen Sie einfach mit Kastanien, Nüssen (mit Schale!), Eicheln und anderen Herbstfrüchten. Füllen Sie die Eimer nicht ganz voll, damit keine Füllteile herausfallen und im Raum umherkullern.

Ganz schön wackelig

HOCH UND RUNTER!

Raumideen für Wackellandschaften

Alter: ab 6 Monaten
Dauer: nach Lust und Laune
Gruppe: je 4 Kinder

Kinder brauchen verschiedene Untergründe, um mit ihrer Kraft und dem Gleichgewicht zu experimentieren. Draußen geht das zum Beispiel wunderbar auf verschiedenen Wegen und Böden, bergauf und bergab. Sobald Kleinstkinder anfangen sich aufzurichten, zu krabbeln oder zu laufen, erkunden sie sich und ihre Welt mit dem gesamten Körper. Mit den folgenden Entdeckerideen ermöglichen Sie den Kindern vielfältige Wahrnehmungserfahrungen auf verschiedenen wackeligen Untergründen im Gruppenraum.

Das Luftmatratzenabenteuer

MATERIAL: Luftmatratzen (am besten durchsichtig)

Luftmatratzen sind für Kinder eine wunderbare Gelegenheit, einen wackeligen Untergrund zu entdecken. Füllen Sie mehrere Luftmatratzen unterschiedlich stark mit Luft. Die ganz Kleinen können auf den Matratzen liegen, rollen und robben, die Matratze kneten und drücken. Die größeren Kinder können schon krabbeln, laufen und hüpfen und spüren dabei, wie sie ihr Gleichgewicht verteilen müssen.

Die Luftmatratzen sind nicht nur von oben spannend. Die Kinder können auch die Perspektive wechseln und sich darunterlegen. Durch durchsichtige Luftmatratzen können sie hindurchschauen. Durch bunte transparente Luftmatratzen sieht die Welt auch noch einmal ganz anders aus. So ermöglichen einfache Luftmatratzen vielfältige Sinneserfahrungen und die Kinder erleben sich immer neu im Raum. Die Raum-Lage-Wahrnehmung der Kinder wird dadurch noch zusätzlich gestärkt.

Idee: Melanie Fehring-Schlatt, Katja Krettek-Pingel

Das Luftballonbad

MATERIAL: Planschbecken, Luftballons

Dieses Planschbecken passt in jede Jahreszeit: einfach aufpusten und mit vielen bunten Luftballons füllen. Wenn die Luftballons verschieden stark mit Luft befüllt werden, ist das für die Kinder besonders interessant. Welchen Luftballon kann man besser drücken? Wie fühlt es sich an, wenn man draufliegt?

Die Füllkissenlandschaft

MATERIAL: ausrangierte Bettwäsche, Kissenbezüge, Stoff- oder Jutesäcke, Nähzeug, Füllmaterialien (z. B. Stroh/Gras, Luftballons, Tennisbälle, Verpackungsmaterial (Folie, Schnipsel, Styroporchips), Schaumgummistücke, Schwämme, Sand, Laub, Baumfrüchte (Kastanien), leichter und kleiner Kies, Rindenmulch, Tierstreu

Unterschiedlich gefüllte Kissen- und Bettbezüge sowie Jutesäcke ermöglichen den Kindern, verschiedene Perspektiven zu entdecken und viele Wahrnehmungserfahrungen zu sammeln für den gesamten Körper zu sammeln.

Und so geht's: Füllen Sie ausrangierte Bettwäsche, Kissen oder Säcke in unterschiedlichen Größen mit jeweils einem Material. Die Menge variiert natürlich je nach Größe und nach eigenem Empfinden. Probieren Sie die Kissen aus: Was trägt den Körper angenehm? Luftballons sollten zum Beispiel nicht zu prall aufgeblasen werden. Vernähen Sie die Öffnungen fest mit Nadel und Faden, damit kein Bezug aufgehen kann. Beachten Sie auch die Allergien der Kinder!

Füllen Sie für eine kleine Füllkissenlandschaft drei bis vier Kissen mit unterschiedlichen Materialien. Die Kinder können erst einmal raten, was sich wohl in den Bezügen verbirgt. Wer traut sich, die Kissen zu entdecken? Die Landschaft lädt zum Krabbeln, Rollen, Liegen und Spüren ein.

Wenn die Füllkissenlandschaft einen festen Platz im Gruppenraum bekommt, können Sie immer wieder Füllmaterialien austauschen, damit es für die Kinder spannend bleibt.

ALTER TRAKTOR TOM

Ein Kniereiter mit Motor

Alter: ab 6 Monaten
Dauer: 2 Minuten
Gruppe: Einzelkontakt

Besondere Nähe zu den Kleinsten bauen Sie immer dann auf, wenn die Kinder Körperkontakt spüren. Dafür eignen sich Kniereiterverse hervorragend. Und noch ein Vorteil haben die kleinen Bewegungsspiele: Die Kinder werden ordentlich durchgeschüttelt und entdecken dabei Gleichgewicht und Körperspannung. Bei diesem Kniereiter holpern und poltern Sie mit Traktor Tom.

Alter Traktor Tom

Alter Traktor Tom, jetzt holperst du davon.
Du polterst durch die Straße, am Feld erschrickt ein Hase.

Du alter Traktor Tom, jetzt holperst du davon.
Und fährst du um die Ecke, die Mäuschen sich verstecken.

Du alter Traktor Tom, jetzt holperst du davon.
Du rollst durch Feld und Flur und leerst die Felder nur.

Mein alter Traktor Tom, jetzt holperst du davon.

Idee: Marion Bischoff

WAS DIE FÜSSE ALLES KÖNNEN

Alter: ab 1 Jahr
Dauer: 10 Minuten
Gruppe: 6 Kinder

Bewegungsspiele mit Kirschkernsäckchen

Unsere Füße spielen eine tragende Rolle in unserem Leben: Immerhin bringen sie uns überall hin! Sowohl Kinder, die noch nicht sicher stehen, als auch Kinder, die schon überall herumflitzen – sie profitieren alle von kleinen Spielen für die Füße. Für diese Idee brauchen Sie nur viele Kirschkernsäckchen und schon geht es los.

MATERIAL

- Ganz viele Kirschkern- und Sandsäckchen

Und so geht's:

Setzen Sie sich in einen Kreis und legen Sie die Säckchen in die Mitte. Die Kinder werden von sich aus neugierig zugreifen und die Säckchen betrachten und ertasten. Lassen Sie die Kinder sich in Ruhe mit dem Material auseinandersetzen. Dann können Sie gemeinsam verschiedene Spielideen mit den Säckchen ausprobieren, beispielsweise:

- die Säckchen mit den Füßen greifen und hochhalten: Wer schafft das?
- für ältere Kinder und Fortgeschrittene: Die Säckchen mit den Füßen im Kreis weitergeben.
- die Säckchen mit den Füßen in die Luft werfen (nicht zu hoch und vorsichtig!) und wieder auffangen
- aus allen Säckchen übereinandergelegt einen großen Turm bauen – und wieder umwerfen
- sich in den Säckchen wälzen
- sich gegenseitig mit den Säckchen massieren

Idee: Britta Bartoldus

ES BLÄST EIN STARKER WIND

Mitmachgeschichte mit Schwungtuch

Alter: ab 2 Jahren
Dauer: 15 Minuten
Gruppe: 12 Kinder

Bei dieser Mitmachgeschichte mit dem Schwungtuch erleben die Kinder, wie aus einem kleinen Windchen ein kräftiger Orkan wird.

Der Orkan

Heute kommt ein Wind herbei, erst ist er ganz zart, dann etwas stärker und dann ist der Wind schon ganz stark. Bei eins, zwei, drei!
Bei „drei" bewegen alle das Schwungtuch hoch und herunter.

Hui, immer stärker wird der Wind. Aus dem Wind wird ein Sturm, der laut und kräftig ist.
Das Schwungtuch wird schneller hoch- und heruntergehoben.

Oh je, aus dem Sturm wird ein richtiger Orkan, der ganz schnell und kräftig bläst.
Jetzt wird das Schwungtuch ganz schnell hoch- und herunterbewegt.

Endlich: Der Orkan lässt nach, der Wind wird weniger, bis er ganz aufhört.
Die Bewegungen werden langsamer und hören dann ganz auf.

Und so geht's:

Zeigen Sie den Kindern das Schwungtuch und lassen Sie es zunächst in Ruhe befühlen und erkunden. Dann kann es losgehen. Verteilen Sie die Kinder in einem Kreis rund um das ausgebreitete Tuch. Passend zum Text ergänzen die Kinder die Bewegungen mit dem Schwungtuch. Die Auswirkungen ihrer Bewegungen können sie direkt sehen. Je kräftiger sie ihren Zipfel bewegen, desto schneller flattert das Tuch. Diese Selbstwirksamkeitserfahrung hilft den Kindern, ihre Kräfte einzuschätzen.
Wenn die Kinder möchten, dürfen sie sich nacheinander auf das Schwungtuch legen und die Geschichte wird so noch einmal nachgespielt.
Wichtig: Achten Sie auf die Worte und Signale des Kindes, das auf dem Schwungtuch liegt. Bewegen Sie das Schwungtuch nur so schnell, wie das Kind es möchte. Ganz mutige Kinder dürfen sich auch unter das Schwungtuch legen, wenn Wind gemacht wird.

MATERIAL

- Schwungtuch

Idee: Michaela Lambrecht

DIE MAUS HAT ROTE HANDSCHUH AN

Überkreuzspiel

Alter: ab 6 Monaten
Dauer: 5 Minuten
Gruppe: Einzelkontakt

Dieses kleine Bewegungsspiel hilft schon den ganz Kleinen, ihren Körper und seine Bewegungen wahrzunehmen. Das Spiel eignet sich gut für den Wickeltisch oder für zwischendurch.

Die Maus

Die Maus hat rote Handschuh an,
damit sie besser rudern kann.
Halten Sie die Hände des Kindes fest.
Öffnen und überkreuzen Sie die Arme des Kindes passend im Rhythmus.

Sie rudert bis nach Dänemark,
denn rudern macht die Arme stark.
Rudern Sie mit den Armen des Kindes.

Idee: Britta Bartoldus

WER HÜPFT DENN DA HERUM?

Alter: ab 2 Jahren
Dauer: 10 Minuten
Gruppe: 6 Kinder

Ein Bewegungsspiel mit Wiesentieren

Strecken, kriechen, hüpfen – alle diese komplizierten Bewegungsabläufe müssen wir üben, bis unser Körper wirklich weiß, wie er wann welchen Körperteil bewegen muss. Bei diesem Bewegungsspiel lernen die Kinder daher verschiedenen Bewegungsformen kennen und probieren sie aus.

Die Tiere auf der Wiese

Wer hüpft denn da auf der Wiese herum?
Ein Frosch, ein Frosch!
Die Kinder hüfen wie ein Frosch.

Wer kriecht denn da auf der Wiese herum?
Ein Maulwurf, ein Maulwurf!
Die Kinder kriechen oder robben auf dem Bauch.

Wer schlängelt sich denn da auf der Wiese herum?
Ein Regenwurm, ein Regenwurm!
Die Kinder schlängeln sich auf dem Bauch über den Boden/die Wiese.

Wer stolziert denn da auf der Wiese herum?
Ein Storch, ein Storch!
Mit einem Knie nach oben gezogen stolzieren.

Wer fliegt da auf der Wiese herum und macht summ, summ, summ?
Eine kleine Mücke, eine kleine Mücke!
Die Kinder machen mit den Armen Flugbewegungen, laufen dabei herum.

Schnell weg, bevor sie uns sticht!
Alle Kinder setzen sich schnell wieder auf ihren Platz.

Idee: Michaela Lambrecht

REISE AUF DEM REGENBOGEN

Eine Entspannungsgeschichte zum Körperspüren

Alter: ab 2 Jahren
Dauer: 10 Minuten
Gruppe: 4 Kinder

MATERIAL

- Matten
- Klangschale

Zu einer guten Körperwahrnehmung gehört auch die Entspannung: Nur wer die Entspannung kennt, kann Anspannung spüren. Bei dieser Geschichte bekommen die Kinder die Gelegenheit, sich ganz bewusst wahrzunehmen.

Stell dir vor, du siehst einen wunderschönen, bunten Regenbogen hoch oben am Himmel. Du gehst näher und näher zum Regenbogen. Als du direkt vor ihm stehst, beginnst du, auf den Regenbogen zu klettern.

Ganz vorsichtig steigst du auf die Farbe Lila. Dabei hörst du einen wundervollen Klang. Du hörst dem Klang zu, bis er zu Ende ist.
Die Klangschale leise anschlagen.

Als der Klang verhallt ist, traust du dich auf die nächste Farbe Blau. Leise hörst du wieder diesen wunderschönen Ton.
Die Klangschale leise anschlagen.

Als der Ton verklungen ist, hüpfst du mit einem kleinen Sprung auf die nächste Farbe Grün. Der Klang wird lauter.
Die Klangschale ein wenig lauter anschlagen.

Neugierig kletterst du nun auf die Farbe Gelb. Wie kräftig das Gelb leuchtet! Und wie laut der Klang jetzt ist.
Die Klangschale kräftiger anschlagen.

Als der Ton nicht mehr zu hören ist, gehst du gespannt weiter zur nächsten Farbe Orange. Die Farbe strahlt und leuchtet hell. Du vergisst fast weiterzugehen. Aber du bist neugierig und kletterst auf die letzte Farbe des Regenbogens, die Farbe Rot.
Die Klangschale noch ein bisschen lauter anschlagen.

Der Ton ist nun ganz klar zu hören. Du siehst dich um und betrachtest all die schönen Farben des Regenbogens.
Die Klangschale leise anschlagen.

Als es wieder leise ist, setzt du dich auf den Regenbogen und beginnst, vorsichtig den Regenbogen herunterzurutschen. Ganz langsam und behutsam rutscht du auf den bunten Farben hinunter.

Als du unten angekommen bist, siehst du eine kleine Klangschale. Vorsichtig schlägst du die Klangschale an und lauschst ein letztes Mal dem wunderschönen Ton.
Die Klangschale ein letztes Mal anschlagen und ausklingen lassen.

Idee: Michaela Lambrecht

Das fühlt
sich gut an!

WAS BILLI BÜRSTE ALLES KANN!

Ein Bürstenspiel

Alter: ab 6 Monaten
Dauer: 10 Minuten
Gruppe: Einzelkontakt

Über die Haut nimmt das Kind Unmengen an wertvollen Informationen auf: Was berührt mich da? Wie fest? Und gefällt mir das? Mit einer Babybürste bieten Sie dem Kind vielfältige neue Reize. Bei diesem Spiel besucht Billi Bürste das Kind auf dem Wickeltisch und streichelt es.

Sieh dir Billi Bürste an.
Fühl mal, was sie alles kann.
Die Bürste hochhalten und anschauen.

Billi Bürste, die kann streicheln.
Fft, fft, fft, fft.
Mit der Bürste sanft über beide Arme streichen.

Billi Bürste, die kann hüpfen.
Di hüpf, di hüpf, di hüpf.
Mit der Bürste auf den Beinen auf- und abhüpfen.

Billi Bürste, die kann drücken.
Mmh, mmh, mmh, mmh.
Die Bürste mit leicht kreisenden Bewegungen ganz sanft am Bauch bewegen.

Billi Bürste, die kann kratzen.
Kritze, kratze, kritze, kratze.
Die Bürste schnell am Schienbein hin- und herbewegen.

Billi Bürste, die macht Sachen.
Und jetzt bringt sie dich/mich zum Lachen.
Bürste hochhalten, anschauen und mit dem Zeigefinger wackeln.

Kille, kille, kille, kille.
Das Kind mit der Bürste kitzeln, zum Beispiel unter den Armen oder an den Fußsohlen.

MATERIAL

- Babybürste mit Holzkörper
- Stifte
- Stoffband (30 cm)

So basteln Sie Billi Bürste:

Malen Sie ein lachendes Gesicht auf den Holzkörper der Bürste. Das Stoffband wickeln Sie als Schleife um den Holzgriff – fertig ist Billi Bürste.

Idee: Ellen Tsalos-Fürter

ICH HAB DIR EINE FEDER MITGEBRACHT

Eine federleichte Anfühl- und Entspannungsidee

Alter: ab 6 Monaten
Dauer: 10 Minuten
Gruppe: Einzelkontakt

MATERIAL

- Feder

Ich hab dir eine Feder mitgebracht,
sie will dich streicheln – ganz, ganz sacht.
Das Kind an einer beliebigen Stelle mit der Feder sanft berühren.

Sie fährt langsam über deine Hand,
erst in der Mitte – dann am Rand.
Die Feder fährt erst in der geöffneten Hand mittig hoch und runter, anschließend umkreist die Feder die Hand des Kindes.

Auch den Arm fährt sie hinauf, hinunter,
die kleine Feder ist wirklich munter.
Die Feder auf dem linken Arm hoch- und runterbewegen, anschließend auf dem rechten Arm.

Auch dein Bein will sie berühren,
kannst du sie dort spüren?
Die Feder berührt ganz sacht erst das linke Bein und fährt dabei wieder hoch und runter, anschließend wird die Bewegung auf dem rechten Bein wiederholt.

Nun kitzelt sie den großen Zeh,
das kribbelt, tut jedoch nicht weh.
Mit der Feder erst den linken großen Zeh berühren, anschließend den rechten.

Sie überlegt: Wo war ich denn noch nicht?
Ah, richtig! Ich muss noch zum Gesicht!
Mit der Feder erst ganz sanft die Stirn berühren und anschließend das Gesicht umkreisen.

Jetzt sagt die Feder: „Tschüss, es war nett!
Doch jetzt bin ich müde, ich geh zu Bett."
Die Feder langsam aus dem Blickfeld des Kindes verschwinden lassen.

(Verfasser unbekannt, mündlich überliefert)

Und so geht's:

Beim Wickeln oder einfach zwischendurch in einem entspannten Moment: Mit einer Feder streicheln Sie das Kind sanft am Körper. Wie fühlt sich das an? Spürt das Kind die Feder an der Nase deutlicher als an den Zehen?

Idee: Britta Bartoldus

GRÜSSE AN DIE FÜSSE

Fünf kleine Wickeltischverse

Alter: ab 6 Monaten
Dauer: je 5 Minuten
Gruppe: Einzelkontakt

Eine kleine Katze

Eine kleine Katze
mit einer weichen Tatze
kitzelt deinen Bauch.

Zwei Finger schleichen als Katze auf das Kind zu und kitzeln dann den genannten Körperteil.
Ersetzen Sie den Bauch wahlweise durch andere Körperteile wie zum Beispiel die Nase oder das Gesicht.

Mit dem Fahrrad

1 und 2 und 3 und 4 –
mit dem Fahrrad fahren wir.
Fahren immer schneller,
fast wie ein Propeller.

Fassen Sie die Beine des Kindes. Machen Sie damit erst langsam, dann schneller die Bewegungen zum Fahrradfahren.

Zeig mal deine Finger

Zeig mal deine Finger,
die langen frechen Dinger.
5 sind an der rechten Hand.
5 sind an der linken Hand.
Das sind deine Finger.

Fassen Sie beide Hände des Kindes. Berühren Sie dann einzeln die Finger der rechten Hand und die Finger der linken Hand. Zum Schluss fassen Sie wieder beide Hände.

Grüße an die Füße

Ich nehme deinen linken Fuß
und schick dir einen kleinen Gruß.
Dann nehm' ich deinen rechten Fuß
und schick dir einen kleinen Gruß.
So kann man sich begrüßen,
mit seinen beiden Füßen.

Heben Sie den linken Fuß des Kindes an und wackeln Sie damit. Anschließend wiederholen Sie dasselbe mit dem rechten Fuß. Zum Schluss nehmen Sie beide Füße und reiben die Fußsohlen aneinander.

Rechtes Bein und linkes Bein

Rechtes Bein und linkes Bein
gingen in den Wald hinein.
Rechtes Bein macht tapp, tapp, tapp.
Linkes Bein macht klapp, klapp, klapp.
Gingen aus dem Wald hinaus,
da war die Geschichte aus.

Umfassen Sie die Fußgelenke des Kindes. Bei „Rechtes Bein" schütteln Sie vorsichtig den rechten Fuß, bei „Linker Fuß" den linken. Bei „Rechtes Bein macht" tippen Sie dreimal mit dem Fuß auf den Wickeltisch, bei „Linker Fuß macht" mit dem linken. Dann abwechselnd die Füße hochheben und Laufbewegungen machen.

Idee: Kati Breuer

SCHNECKE SCHNICK

Vers zum Eincremen

Alter: ab 6 Monaten
Dauer: 5 Minuten
Gruppe: Einzelkontakt

Ob nach dem Wickeln oder im Sommer bevor es nach draußen geht: Eincremen ist wichtig! Viele Kinder mögen es, mit Creme zu experimentieren, zu schmieren und zu spüren, wie sich das auf dem Körper anfühlt. Mit diesem Vers begleiten Sie das Eincremen und machen einen besonderen Moment aus der Situation – das stärkt nicht nur die Sinne, sondern auch Ihre Bindung zum Kind!

Schnecke Schnick

Schnick, die kleine Schnecke, kriecht über einen Baum,
ihr ist so heiß, sie schafft es kaum.

Langsam kriecht sie auf dem Ast, ohne Eile, ohne Hast.
Von der Wurzel bis nach oben, von oben wieder runtertoben.
Streicheln und cremen Sie das Bein oder den Arm hinauf.

Dann hoch jetzt auf den nächsten Baum,
es ist so heiß, sie schafft es kaum.
Da kommt ein kühler Regenschauer,
die Luft wird kühler und auch lauer.

Von der Wurzel bis nach oben,
von oben wieder runtertoben.
Streicheln und cremen Sie das Bein oder den Arm hinab.

Ach, das war ein schöner Tag,
den die Schnecke Schnick gerne mag.
Das Bein oder den Arm wechseln und nach Belieben wiederholen.

MATERIAL

- Creme

Idee: Tina Scherer

KLEINER KRAKE

Ein Fußkitzelspiel in der Tiefsee

Alter: ab 7 Monaten
Dauer: 5 Minuten
Gruppe: Einzelkontakt

Wussten Sie schon? Wenn Sie die Fußsohle eines Ihrer noch ganz jungen Kinder am äußeren Rand, beispielsweise unter der kleinen Zehe, berühren, dann spreizt es die große Zehe oder es hebt sie leicht an. Dies ist kein Zaubertrick, sondern ein Reflex: der Babinski-Reflex. Dieser Reflex hilft den Kindern, Krabbeln zu lernen. Hier können Sie den Reflex hervorkitzeln. Aber auch älteren Kindern macht das Fußkitzelspiel noch Spaß!

Ein kleiner Krake

Fußkitzelspiel

Ein kleiner Krake kommt geschwommen,
guck, schon ist er angekommen!
Mit einer Hand als Krake „angeschwommen" kommen.

Streichelt dich mit einem Arm,
sanft und zart, doch nicht sehr warm.
Mit einem Finger außen an der Fußsohle knapp unterhalb der Zehen streicheln oder kitzeln: Der große Zeh des Kindes sollte sich nun bewegen oder abspreizen.

Schwupp, schon schwimmt er wieder weg,
schlüpft in sein Geheimversteck.
Hand unter der eigenen Achsel verstecken.

Idee: Tina Scherer

SPÜR MAL!

Entspannungs- und Massageideen

Alter: ab 6 Monaten
Dauer: 10 Minuten
Gruppe: Einzelkontakt oder zu zweit

Ein Chiffontuch kann sich wie ein leichter Frühlingswind anfühlen, der uns streichelt. Das kitzelt ein bisschen und tut wunderbar gut. Kinder, die das angenehm finden, bekommen hier die Möglichkeit, eine kleine Massage im Einzelkontakt zu genießen.

MATERIAL

- Matten oder Matratzen
- Entspannungsmusik
- Körbchen mit Chiffontüchern, Federn, Stoffreste oder Felle, Pinsel

Chiffontuchmassage

Das Kind legt sich entspannt auf die Matte oder Matratze. Sie berühren und streicheln es mit dem Chiffontuch vorsichtig zuerst an den Armen, dann am Rücken und an den Beinen. Am Rücken können Sie neben dem Hinauf- und Hinunterstreifen auch kreisende Bewegungen durchführen. Achten Sie dabei auf die Signale des Kindes: Wenn Sie spüren, dass Bewegungen dem Kind unangenehm sind, beenden Sie diese. Spüren Sie auch, in welcher Intensität das Kind den Kontakt besonders angenehm wahrnimmt, und passen Sie Ihre Bewegungen und den Druck sanft an.

Ältere Kinder können sich gegenseitig mit den Tüchern berühren, kitzeln und streifen.

Noch mehr Massageideen

Wenn den Kindern die Chiffontuchmassage gefallen hat, dann möchten sie ihre Erfahrungen mit weichen Materialien vielleicht noch intensivieren. Auch Stoffe, Federn und Felle können sich toll anfühlen.

Mit älteren Kindern können Sie ein Ratespiel aus der Massage machen:
Streicheln Sie das Kind nacheinander mit den verschiedenen Materialien und zeigen Sie ihm, womit es gerade gestreichelt oder gekitzelt wird. Sie können alle Gegenstände gemeinsam benennen. Mit welchem Gegenstand fühlt sich die Berührung besonders angenehm an?
In der nächsten Runde darf das Kind, wenn es möchte, die Augen schließen. Kann es mit geschlossenen Augen erraten, womit es gerade gestreichelt wird? Je nachdem, wie leicht diese Übung fällt, können Sie noch weitere (neue) Gegenstände dazunehmen, etwa weiche Tücher, weiche Kuscheltiere, Papierservietten, Haarbürsten und alles, was sich angenehm weich anfühlt und schnell zur Hand ist.

Idee: Michaela Lambrecht, Tina Scherer

SENSORIKKÖRBE

Bürsten, Bälle und Alltagsmaterialien spüren

Alter: ab 1 Jahr
Dauer: 20 Minuten
Gruppe: 6 Kinder

Oh das pikst! Für ein Kind hat ein Lockenwickler keine sehr sinnvolle Funktion, aber er fühlt sich lustig an – wie viele andere Gegenstände in unserem Alltag. Ein guter Grund für Sensorikkörbe. Kinder entdecken sich selbst und ihre Umwelt über ihren Körper und ihre Sinne. Greifen ist immer auch ein Begreifen.

MATERIAL

- 1 großer runder Korb
- Alltagsgegenstände wie Bälle, Bürsten, Tücher …

Und so geht's:

Legen Sie die Materialien in einen großen Korb. Lassen Sie die Kinder frei mit den Materialien experimentieren. Halten Sie sich selbst zurück und überlassen Sie es den Kindern, Regisseure ihres eigenen Spiels zu werden.

Gegenstände und Dinge des Alltags werden dabei von den Kindern von ihrer üblichen Funktion gelöst und zum Spielen mit allen Sinnen verwendet. So wird die Bürste zur Raupe oder das Seil zur Schlange. Das nutzen Sie bei dieser einfachen Idee.

Tipp:

Diese Idee eignet sich auch dazu, Beobachtungen zu machen und das Beobachtete zu dokumentieren, da Sie selbst bewusst nicht am Spielen und Entdecken teilnehmen. Machen Sie den Kindern keine Bewegungen mit Ball oder Tuch vor, sondern lassen Sie die Kinder hier wirklich selbstständig auf Entdeckungsreise gehen.

Idee: Britta Bartoldus

MIT DEN FINGERN, KRIBBEL KRABBEL

Kitzel- und Krabbelreime

Alter: ab 6 Monaten
Dauer: je 5 Minuten
Gruppe: Einzelkontakt

Meine Finger kitzeln

Mit den Fingern, kribbel krabbel,
kitzle ich dich an deinem Bauch.
Und dann an deinen beiden Füßen
kitzle ich dich damit auch.

Mit sanften Bewegungen behutsam am Bauch kitzeln.
Mit den Fingerspitzen die Füße antippen und die Fußsohlen kitzeln.

Ein kleines Spinnentier

Meine Finger können krabbeln
wie ein kleines Spinnentier.
Krabbelt hoch an deinem Rücken,
oh ja, es ist schön bei dir!

Die Finger abspreizen und sanft tippend über den Rücken nach oben wandern.

Das Kind in den Arm nehmen und sanft wiegen.

Kleiner Käfer

Kleiner Käfer krabbelt hoch,	*Finger langsam über den linken Arm*
von deinem linken Ärmchen,	*bis zur Schulter bewegen.*
zu deiner linken Schulter,	*Über das Ohr bis zum Kopf des Kindes streichen.*
bis hoch zu deinem Kopf.	*Vorsichtig darüberstreicheln.*
Kleiner Käfer krabbelt runter,	*Die Hand behutsam auf die andere Kopfseite legen.*
von deinem Kopf,	*Finger über das rechte Ohr, die rechte*
zu deiner rechten Schulter,	*Schulter, den rechten Arm, bis*
dein rechtes Ärmchen runter!	*zur rechten Hand bewegen.*

Idee: Petra Bartoli

AUF EINER BLUMENWIESE

Sonnige Streichelgeschichte

Alter: ab 6 Monaten
Dauer: 15 Minuten
Gruppe: Einzelkontakt oder zu zweit

MATERIAL

- Feder oder weicher Stoff
- Chiffontuch

Heute habe ich mich bei herrlichem Sonnenschein mitten auf eine bunte Blumenwiese gelegt. Es weht ein warmer Wind, der die Blüten streichelt.
Mit der Feder über Gesicht, Hände und Arme streicheln.

Da flattert ein bunter Schmetterling durch die Luft
Die Feder an verschiedenen Stellen hin- und herbewegen.

und setzt sich auf eine Blüte,
Mit der Feder an verschiedenen Stellen tupfen.

flattert ein Stück weiter
Mit der Feder an verschiedenen Stellen leicht tupfen.

und landet auf der nächsten Blüte.
Mit der Feder über Gesicht, Hände und Arme streicheln.

Der Wind wird stärker
Mit der Feder über Gesicht, Hände und Arme streicheln.

und vertreibt den Schmetterling.
Mit der Feder an verschiedenen Stellen kitzeln.

Von dem Blütenduft angezogen, summt eine Biene daher
S-förmige Bewegungen mit der Feder über Gesicht, Hände und Arme.

und nippt mal hier, mal da.
Die Feder an verschiedenen Stellen hin- und herdrehen.

Wieder kommt ein Windstoß
Mit der Feder über Gesicht, Hände und Arme streicheln.

und die Biene fliegt davon.
S-förmige Bewegungen mit der Feder über Gesicht, Hände und Arme.

Langsam zieht die Dämmerung herauf. Die bunten Blumen schließen ihre Blätter und schlafen ein.
Mit der Feder über Stirn, Schläfen und geschlossene Augen streicheln.

Idee: Katja Kretteck-Pingel